G'spassige Leut

G'spassige Leut

Münchner Sonderlinge + Originale
vom letzten Hofnarren bis zum Taubenmutterl

Herausgegeben von Hannes König
Valentin-Musäum

Gesammelt von
Elisabeth und Erwin Münz

Verlag Wilhelm Unverhau

München

© Wilhelm Unverhau München 1977
ISBN 3–920530–27–6
Druck: UNI-Druck München
Umschlaggestaltung: Gudrun Köhl

Die Drucklegung dieser Dokumentation
wurde vom Kulturreferat der Landeshauptstadt
München gefördert.

Quellennachweis

Stadtarchiv, Zeitgeschichtliche Sammlungen
Einbürgerungsakten
Polizeiakten
Gewerbeakten
Adreßbücher
Stadtbibliothek
Staatsbibliothek
Einwohnermeldeamt
Gewerbeamt
Bestattungsamt

Valentin-Musäum

Bildnachweis

Stadtarchiv
Stadtmuseum
Privatbesitz
Sammlung Hannes König
Sammlung Josef Regnat

Zum Geleit

Grüß Gott, Herr Valentin! Für einen kurzen glücklichen Augenblick sind Sie für den, der dieses Buch aufschlägt, wieder da: Sie mit denen, denen hier ein Denkmal gesetzt wird, die zu allerletzt mit Denkmälern rechnen konnten. Es ist, wenn man diese Münchener „Sonderlinge und Originale" in ihrer strengen alphabetischen Reihung verfolgt, als seien alle Spielarten des Valentin'schen Geistes hier über eine ganze Generationenkette hinweg verkörpert. Eine lustige Galerie?

Mehr als der Spaß selbstsicherer Voyeure kommt einem bei der Begegnung mit den Außenseitern die Trauer an: Weil hinter dem Komischen der Fassade, hinter dem Widerborstigen und Kauzigen dieser Lebenshaltungen soviel Ausweglosigkeit, auch Armut, manchmal gehäufter Spott der anderen sich verbirgt. Von einem, der sich immerhin wenigstens durch das Münchener Sprichwort „Nix g'wiß weiß man net" unsterblich gemacht hat, heißt es in der Münchener Stadtchronik lapidar: „Seine Hinterlassenschaft bestand aus sechzig Kronenthalern. Das Scelett desselben wurde in der Anatomie aufgestellt."

Damit es in der Erinnerung in unserer fast kauzlosen Zeit nicht nur die Skelette aus den Bruchstücken der Überlieferung gibt, ist dieses liebenswerte, nachdenkenswerte Buch gemacht worden. Denn hinter geglätteten Fassaden, hinter denen die elektronischen Speicher keinen Wunsch offen, weil sie keinen aufkommen lassen, sterben sie aus, die Narren und Sonderlinge, die bittern Fermente einer intakten Stadtgesellschaft. Sie sterben aus, wir können ihren Verlust betrauern, aber wir können das, was sie an wahrlich menschlichem Außenseitertum repräsentiert haben, nicht künstlich wiederherstellen. Erinnerungen, wie sie dieses Buch lebendig macht, haben allenfalls etwas Tröstendes. Dies gilt mit einigem Optimismus, wenn es nur der Geist eines alle diese Tugenden Versammelnden ist, der uns – grüß Gott, Herr Valentin – nicht verläßt.

Jürgen Kolbe

Zur Einleitung

Um 1480 war das Rathaus in München vollendet. Erasmus Grasser schnitzte für den Tanzsaal der übermütigen Stadt seine Moriskenfiguren. Der Puchtrucker Hanns Schauer druckte in München das erste Buch. 1600 Soldaten und eine Kanone beschirmten das friedliche und sicherlich gemächliche Leben und Treiben der Bürger.

Es mag einem Manne aus dieser Zeit, der mit einem feuerroten Mantel, gewissermaßen als Dienstkleidung, herumgelaufen ist, nicht erspart geblieben sein, die Aufmerksamkeit seiner Mitbürger zu erregen, zumal er im höchsten Auftrag der Stadtväter als „Ratzenklauber" agierte. Der mittelalterliche Ratzenklauber Fichtl, wenn es ihn gegeben hat, darf als Urahne aller nachfolgenden Sonderlinge gelten.

Auch im engen Kreis des biedermeierlichen München werden sich die Spassetteln des Prangerl, weiland letzter Hofnarr am bayerischen Hofe, schnell herumgesprochen haben. Das Leben in einer Stadt von 45 000 Seelen war noch transparent genug, um individuelle Lebensweisen, wie die des ewigen Hochzeiters und anderer, die vom Gewohnten abwichen, durchscheinen zu lassen.

Unsere Millionenstädte sind farbloser geworden, trotz der Buntheit ihrer Bevölkerungsschichten. Wir bezweifeln, daß die, die wir gerne als Spinner und Sonderlinge bewerten, seltener geworden sind. Man ist toleranter geworden zu seinem Nächsten, zumindest zu seinem Gebaren des Umganges, seiner Kleidung und sonstigen Verhaltens. Wer dreht sich schon nach einer Dame um, die ihren Lieblingskater abends an einer Hundeleine an die frische Luft führt? Und es muß heute ein Halbverrückter schon sehr laut aus der Bibel predigen, wenn er im Autolärm der Straßen gehört werden will. Sie, die Absonderlichen, sind nach wie vor unter uns, nur werden sie von uns nicht mehr registriert. Bestenfalls nur nebenher. Die Unrast unserer Tage kann sich nicht mit ihnen beschäftigen, sie verweilt nicht mehr bei ihnen.

Mit diesem Buch wird eine Seite der Stadtgeschichte aufgeschlagen, von der man bisher nur Stückwerk wußte. Man wußte vom Krenkl, vom Hofbräuhaus-Lenbach, vom Taubenmutterl und einigen anderen mehr. Aber von mehr als Hundert wußte wohl nur der Autor dieses Werkes. Man kann bei der Lektüre dieses Buches lachen oder lächeln. Man kann sich aber auch an manchen Stellen einer echten Rührung nicht entziehen. Zumal dort nicht, wo hinter manchem „Original", hinter manch lustiger Maske, die Fratze bitterster Not und Elend hervorstarrt. Jenes Gesicht der guten, alten Zeit, das manche Historiker so gerne wegschminken.

Gesellschaftliche Mißstände sind bei vielen der Sonderlinge der Motor zu ihrem eigenartigen Verhalten. Von dieser Warte aus betrachtet bietet das Buch nicht nur gefällige Unterhaltung, sondern vermittelt uns tiefergehende Einblicke in vergangene Jahrzehnte.

Das Valentin-Musäum, bekannt dafür, alles Merkwürdige, Komische und Sonderliche zu sammeln und für die Nachwelt, die immer grauer werdende, aufzubewahren, glaubt, daß es richtig ist, diese einmalige Sammlung kurioser Menschen und Schicksale als Buch herauszugeben und einer interessierten Leserschaft anzubieten. Denn man bedenke, was Valentin sagte: „Die Zukunft war früher auch besser!"

Hannes König
(Valentin-Musäum)

Inhaltsverzeichnis

Die „Aschen-Moni" (um 1870)	1
Der „Bazolli" (um 1900)	1
Der „stolze Bettler" Zugeis (gest. 1880)	1
Der „Bettler von der Herzogspitalkirche" (um 1875)	2
Der „Benimelber" von der Au (um 1900)	4
Der „Bretzengeneral" Hoffmann (gest. 1933)	4
Der „Besenbinder-Franzl" (um 1913)	5
Joseph Burkhard (um 1760)	6
Das „Büchsen-Mutterl" (um 1930)	6
„Dienstmann Nr. 205" Georg Schiller (um 1930)	7
Die „Dintenliesl" (um 1870)	9
Max Duffek Weltoriginal (1877–1949)	9
Die „Entenlina" Lina Huber (1897–1975)	13
Der „blinde Elias" (um 1840)	13
Der „Fernrohrmann vom Stachus" Heinrich Haas (1874–1929)	13
Der „Finessen-Sepperl" Josef Huber (1763–1829)	16
„Peter Fleckerl vom Rindermarkt" Peter Wirrlein (16. Jahrht.)	19
Die „Fischerin von Schwabing" (um 1880)	22
Der „Flinserlschlager" Michael Liebwerth (gest. 1888)	22
Der „Flinzerl-Schneider" (um 1900)	23
Die „Hedwig" Hedwig Forster (1855–1927)	23
Die „Frau mit dem Bart" Maria Baier (um 1930)	25
Die „Fuchsbarbel" Barbara Lösslin (1680–1752)	27
Der „Gärtner Rank" Wolfgang Rank (gest. 1932)	27
„Papa Geis" Jakob Geis (1840–1908)	30
Der „Gemming Gustl" (1837–1893)	35
„Naturapostel Gräser" (1879–1958)	38
Die „unsinnige Gretl" (um 1600)	39
Professor Guggemos (gest. 1880)	39
Der „Goasbua" Wally Engelsdorfer (geb. 1877)	41
„Goaspeterl" Peter Geis (18. Jahrht.)	42
Turnlehrer Karl Gulielmo (um 1890)	42
Der „Gummimensch" Heinrich Haag (um 1928)	42
Der „erste Gymnasial-Rektor" (um 1800)	44
Das „Hackbrettl" (um 1850)	45
Franzl Hamberger (geb. 1921)	46

's „Haarpuderwaberl" (um 1700)	47
Der „Heiliggeist-Sepperl" (um 1848)	48
Der „g'schiagelte Hermann" (um 1890)	48
Der „Herrenreiter" Halmanseder (um 1950)	48
Der „ewige Hochzeiter" (gest. 1846)	52
Der „Hofbräuhaus-Lenbach" Xaver Mandlinger (1868–1945)	53
„Hofnarr Prangerl" (gest. 1820)	57
Die „Italiener-Marie" Marie Albert (1860–1937)	60
Der „Juhu-Sepp" Josef Query (um 1950)	61
Der „Kapellmeister Sulzbeck" und sein „Canapé" (geb. 1767)	62
„Kapitän Hodges" Frederik Hodges (1841–1904)	66
Die „Katzenmarie" Maria Inneberger (1894–1930)	68
Professor Keil (um 1860)	69
„Papa Kern" (gest. 1911)	70
Dienstmann Johann Kessler (geb. 1848)	74
Der „Kinderschreck" (um 1920)	75
Der „Klavierprofessor" Karl Herrmann (gest. 1908)	76
Der „Kohlrabiapostel" K.W. Diefenbach (1851–1914)	77
Der „Köstner" (19. Jahrht.)	80
Der „Kräuterdoktor" Mutzenbauer (um 1930)	81
Xaver Krenkl (1780–1860)	81
Kaver Kugler, Festwirt der Kugleralm (1873–1935)	87
Der „Kuckuck" Karl Neher (1855–1929)	89
Georg Leuthold, der Märchenerzähler (um 1900)	91
Der „Lokomotiverl" Heinrich Asam (um 1870)	92
Die „Margret" Margret Preuss (geb. 1865)	92
Der „narrische Maxl" Max Wörl (1855–1921)	94
Der „Mäßigkeitsapostel" Ernst Mahner (um 1840)	96
Hauser Lenz, der „Millionenbauer" (gest. 1918)	96
Die Minna Hupf (um 1900)	98
Josef Mühlbauer (geb. 1907)	99
„Naturingenieur" Werner (geb. 1853)	101
Der „Schirmmacher Niklas" Anton Niklas (gest. 1934)	104
Die „Nußkathl" (um 1830)	106
Der „Nußknackl" Cajetan Nußrainer (gest. um 1883)	106
Der „Oachkatzlbaron" (um 1920)	108
Der „Papetti" (um 1875)	110
Die „fesche Peppi" (um 1850)	110

Die „**Frau Professor Peppi**" (um 1890)	111
Der **Pfarrer** von Feldmoching (um 1900)	113
„**Der Poet**" (1859–1909)	114
Der „**Polizeibartl**" (um 1880)	114
Der „**Premier**" Wilhelm Durocher (gest. 1904)	115
Der „**Professor**" der unentdeckten Wissenschaften (um 1900)	116
Der „**Quastelmayer**" Mayer von Mayerfels (um 1870)	117
Die „**Radi-Rosl**" (gest. 1875)	118
Der „**Rahmerlmann**" Eduard Bachmayer (1839–1883)	118
Der **Ramlo** (um 1820)	121
Der „**Ratzenklauber Fichtl**" (um 1480)	121
Legationsrat **Johann Ludwig Rheinwald** (um 1830)	122
Der **Reiter Trink** (um 1820)	123
Der „**Reklamemensch**" Hans Held (um 1910)	123
Der „**Sägfeiler am Isartor**" Deschermayer (um 1920)	124
Der **Sägfeiler Robl** (1850–1917)	125
Der „**Seiler-Wastl**" (um 1850)	128
Die „**Sendlingertor-Resl**" (gest. 1908)	128
Der **Scheßl-Schorsch** (um 1930)	131
Valentin Scheuring (um 1920)	132
Der „**Schichtl-Vata**" (1851–1911)	134
Johann Schildberger (um 1394)	135
Die „**Schlüsselfrau**" Thekla Foag (1868–1942)	137
Der „**Schokoladenapostel**" (um 1920)	139
Der „**Schuhputzer vom Karlstor**" Xaver Mayer (1840–1920)	140
Der „**Schwedenfresser**" Schneidermeister Murringer (um 1632)	141
Der Bayerische Herkules „**Steyrer Hans**" (1849–1906)	142
Das „**Taubenmutterl**" Therese Schedlbauer (1853–1940)	146
Das „**Trambahnpfeiferl**" Ignaz Lumberger (gest. 1903)	149
Der „**Turmwächter von St. Peter**" Stefan Wimmer (1875–1946)	149
Der **Uhrmacher Falk** (um 1900)	150
Der **Zigeunerbaron Nakette** (um 1927)	153
Die „**Zeiserl-Babett**" (gest. 1930)	154
Der „**Zeitungs-Kolpratär**" Anton Heinz (bis 1930)	156
Der „**Wagerlschneider**" (um 1880)	157
Weltpriester **Napoleon Locatelli** (gest. 1906)	157
Der „**Wiesenpater**" (um 1780)	158
Der „**Wurzl-Sepp**" (um 1900)	160

Die „Aschen-Moni" (um 1870)

Die Aschen-Moni, um 1870 in Haidhausen, brachte sich schlecht und recht durchs Leben durch Sammeln von Buchenholzasche, aus der sie dann eine Waschlauge machte. Was sie aber zum Original werden ließ, war der Umstand, daß sie jedem erzählte, sie habe das schönste Kind und wenn man's nicht glaubte, so solle man's nur anschauen.
(Aus Allg. Zeitung, 1883)

Der „Bazolli" (um 1900)

Aus der Zeit vor dem ersten Weltkrieg stammt der Bazolli, der Schaukelbursch. Bazollis Ruhm begann auf der Rennbahn der Theresienwiese, wo er als Rennbub auf dem Gaul „Bazolli" einen unverhofften Sieg erfocht, so daß ihn der Name des Pferdes als Karussellbub, als Schießbudenbursch, Schaukelbursch und schließlich als selbständigen Schausteller durch sein ganzes Leben begleitete.

Der „stolze Bettler" Zugeis (gest. 1880)

Unter dem 27. April 1880 berichtet die Münchner Stadtchronik:

„Ein in München allgemein bekannter und ebenso bemitleideter Mann hat dieser Tage Aufnahme in dem Allgemeinen Krankenhaus gefunden, welches derselbe schwerlich mehr verlassen dürfte, es ist dies Zugeis, der stolze Bettler.

In Landshut als Sohn der wohlhabenden Bäckersleute geboren, trat Zugeis nach zurückgelegten humanistischen Studien zum Militär über und war bald als der flotteste Offizier des dritten Artillerieregiments bekannt. Auf Grund verschiedener Umstände quittierte er und diente dann einige Zeit unter Garibaldi. Bald kehrte er, indessen in seinen Hoffnungen bitter enttäuscht, schwer verwundet, überhaupt körperlich und geistig gebrochen nach München zurück, wo den an einem Stock schwankenden, halb gelähmten jugendlichen Greis bald jedes Kind kannte und bemitleidete; hohe Offiziere, ehemalige Kameraden und andere barmherzige Menschen suchten dem Unglücklichen aufzuhelfen, allein der moralische Halt war verloren und der Schnaps machte Zugeis immer tiefer und tiefer sinken, so daß er in strengen Nächten kein anderes Quartier hatte, als die dunklen Bögen am Marienplatz."

Am 30. April 1880 starb Zugeis. Es ist wenig über ihn geschrieben worden und es ist ebenso unbekannt, warum Zugeis im Volksmund „der stolze Bettler" genannt wurde.

Der „Bettler von der Herzogspitalkirche" (um 1875)

Am 4. Juni 1875 erschien im Münchener Fremdenblatt folgender Pol. Lokalbericht:
„In den Straßen und Kirchen hiesiger Stadt, namentlich in der Frauen- und Herzogspitalkirche, wird man häufig eines vollbärtigen, in eine Einsiedlerkutte gehüllten Männleins gewahr, welches sich nur mühsam fortzuschleppen scheint und durch seine bemitleidenswerthe Erscheinung den Wohltäthigkeits-Sinn mit Erfolg herausfordert. Nicht daß er förmlich bettelt, nein, dafür ist er längst zu sehr gewitzigt, — er schaut nur recht trübselig und arm drein, hält scheinbar Selbstgespräche über die Verderbtheit der heutigen Welt und sein Elend, natürlich laut genug, um den Leuten aufzufallen und kehrt regelmäßig spätabends, nachdem er sich noch gehörig, aber nicht an Wurzeln und Kräutern gelabt, mit erklecklichem, der übel verstandenen Mildthätigkeit abgeschwindeltem Verdienste heim. Dieses sein Heim ist übrigens keine Klause, sondern eine große Wohnung in der Vorstadt, in der er eine Anzahl Aftermiether hält, und als wohlbestellter Haus-Tyrann, den man in seinem geblümten Schlafrocke und derbem Auftreten schwer als den presthaften Einsiedler von der Straße erkennen dürfte, schaltet. Ein ziemliches Barvermögen nennt unser Schein-Eremit sein Eigen, über dessen Herkunft der Umstand schlimme Vermuthungen aufkommen läßt, daß er nicht bloß beim Betteln, sondern verschiedentlich auch beim Stehlen erwischt, und einmal sogar schon mit drei Monaten Gefängnis bestraft

worden ist; so nimmt er z.B., um von Kleinigkeiten zu reden, in Wirtshäusern gerne die Krüge mit, hat Liebhaberei für kupferne, am Wege stehende Wassereimer, pflegt die Wachskerzen, welche ihm von frommen Frauen zur Besorgung der Opferung übergeben werden, auf reellere Weise zu verwerthen, kurz, weiß für die Mehrung seiner Habe auf jede Weise zu sorgen. So treibts der Edle, der in seiner Jugend Bräuknecht gewesen, jedoch sich schon frühzeitig in einer auswärtigen Diözese als wirklicher Klausner etabliert hat, schon viele Jahre, brachte übrigens von dort einen so bedenklichen Leumund mit, daß ihm vom hiesigen Ordinariate der Aufenthalt in der Erzdiözese und das Tragen des geistlichen Kleides strengstens untersagt wurde. Durch diese Maßregel ließ er sich indessen so wenig anfechten, als durch seine zeitliche Gefangenschaft, zumal er sich s.Z. in einer kritischen Situation, als er mit richtigem Calcul die ihm bevorstehende Ausweisung aus München witterte, rasch das Heimatrecht dahier zu erwerben wußte. —

Vielleicht erreichen diese Zeilen den Zweck, den wohlmeinenden Frauen, die mit nicht selten sehr reichen Almosen den geriebenen Burschen zu unterstützen gewohnt sind, die Augen zu öffnen und sie zur Überzeugung zu bringen, daß damit lediglich einem Gaunertreiben Vorschub geleistet wird und sie wirklich würdige Arme in unverantwortlicher Weise übersehen."

Der „Benimelber" von der Au (um 1900)

Der Benimelber soll ohne Kleider dreieinhalb Zentner gewogen und zu seinen Spazierfahrten einen Zweispänner benutzt haben. Sonst bewegte er sich nur in einem eigens für ihn gebauten Rollstuhl vorwärts. Einmal hatte der Beni einen Fiaker bestellt, der nicht die nötige Festigkeit aufwies und da passierte das große Unglück. Der Wagen brach mitten in der Stadt zusammen, der schwere Melber lag unter den Trümmern und es kostete Mühe und Anstrengung, ihn mit Hebeln und Winden zu bergen und ihn in einen soliden Wagen umzuladen.

Noch nach seinem Tode machte er den Mitmenschen mit seinem Gewicht zu schaffen. Der Schreiner fertigte einen eigenen Sarg von gewaltigem Ausmaß an und bei der Beerdigung trugen acht starke Bäcker und Melber den Toten durch den Ostfriedhof, immer nur höchstens hundert Schritte weit, um dann wieder abzuwechseln.

Der „Bretzengeneral" Hoffmann (gest. 1933)

Im Herbst 1933 starb der Bretzenverkäufer Hoffmann. Wegen seiner Phantasieuniform nannte man ihn den „Bretzengeneral". Neben weißen Handschuhen, Säbel und Schärpe trug er große Epauletten und um die Brust einen Kranz silberner Bretzen, auf der Bäckermütze ebenfalls eine Bretze und einen Federbusch.

Der Bretzengeneral vom Salvatorkeller

Der „Besenbinder-Franzl" (um 1913)

In der Zeit vor dem ersten Weltkrieg war der Franzl eine bekannte Figur in der Innenstadt. Er war ein harmloses altes Manndl, das sich seinen Lebensunterhalt durch den Verkauf von selbstgebundenen Reisigbesen verdiente. Wo er herkam und wo er seine Behausung hatte, wußte niemand, man fragte auch nicht danach. Er übernachtete, wenigstens im Sommer, in der Fröttmaninger Heide, wo er sich auch den Ginster für seine Besen holte. Sein Äußeres sah recht heruntergekommen aus. Der Anzug bestand eigentlich nur aus zusammengeflickten Lumpen und wenig besser waren seine Schuhe, die er, angeblich um die Sohlen zu schonen, mit Lappen umwickelt hatte.

Durch seinen Aufzug wurde der Besenbinder-Franzl zum „Wau-wau" der Kinder: „Wennst net brav bist, nimmt dich der Besenbinder mit!" Die Größeren wußten jedoch genau, daß der Franzl selber froh war, wenn ihm nichts geschah.

Joseph Burkhard (um 1760)

Im 17. Jahrhundert zogen die Haderlumper im ganzen Land umher. Der „berühmteste" von ihnen war der damals stadtbekannte Joseph Burkhard. Er rühmte sich, mehrere Jahre im „Land-Securitas-Corpo" gedient und im Jahre 1753 „dem landverschreiten Erzdieb vulgo Schinder-Hiesl und zweyen complicibus" nachgestellt zu haben. Dabei ereilte ihn allerdings sein Schicksal. Er wurde von einem Schuß ins Rückenmark getroffen.

Das „Büchsen-Mutterl" (um 1930)

Eine von den ganz Armen, die sich ihr Brot wirklich sauer verdienen mußten, war das Büchsen-Mutterl. Zwischen 1928 und 1932 übte sie ihr „Gewerbe" in der Innenstadt aus. Besonders gut kannten sie die Münchner Blumenfrauen, die auch zu ihren Kunden zählten, sie konnten saubere Büchsen in allen möglichen Größen immer brauchen. Die alte Frau war auch froh darum, daß ihr Geschäft einigermaßen gut ging, denn sie hatte nicht nur für sich, sondern auch für ihren kranken Mann zu sorgen.

Ein paar Buben haben das Weiblein einmal in der Neuhauser Straße treffend charakterisiert: „De schaugt aus wie d'Großmutter vom Kasperl im Marionettentheater!" Und so war es wirklich. Ihren schneeweißen Bubikopf hatte sie unter einer wollenen Mütze verborgen, ihr faltiges braunes Gesicht wurde noch besonders betont durch eine kantige, nicht zu kleine Nase und am Kinn prangte eine erbsengroße Warze. Sie trug eine dunkelblaue Biberbluse mit erschreckend enger Taille und dazu einen weiten schwarzen Tuchrock, der fast am Boden schleifte. Sommer wie Winter sah man sie in zerrissenen Turnschuhen.

Was sie alles sammelte und zusammenbettelte, ist kaum aufzuzählen. Angefangen von der Ölsardinendose, dem Gurkeneimer, bis zum Senfkübel und zu den Zahnpastatuben und – nicht zu vergessen – den Konservenbüchsen, war sie um alles dankbar. Und darüber hätte sich auch bestimmt niemand aufgehalten, am wenigsten die Polizei. Doch mit ihr kam die Alte öfter in Konflikt, weil sie irgend einen Hausgang, der ihr gerade paßte, überraschend schnell zu ihrem Lager machte. Konnte sie nämlich ihren Kram nicht mehr tragen, dann errichtete sie Stationen und beförderte so ihre Raritäten, wobei sie manchmal, bis ein Lager geräumt war, den gleichen Weg drei- und sogar viermal zurücklegen mußte.

Wenn man sie auch überall kannte, so weiß man doch heute nicht einmal mehr ihren Namen, noch weniger ist bekannt, woher sie kam und – wie bei vielen anderen Straßenfiguren – wann sie von uns ging. Damals war sie schon ein hochbetagtes Weiblein.

„Dienstmann Nr. 205" Georg Schiller (um 1930)

Die zweihundert Dienstmänner, die es um 1930 in München noch gab, gegen achthundert in der Vorkriegszeit, sprachen schon vor zwanzig Jahren sehr pessimistisch über ihre Zukunft. Ihr Gewerbe, einst eine Art Münchner Originalität, lag seit dieser Zeit auf dem Sterbebett und es wird nicht mehr aufstehen. Die moderne Verkehrsentwicklung hat den Dienstmännern wie den Fiakern die Existenz verpfuscht. Die Taxis, die vielen Autos und nicht zuletzt die eigenen Hotelwagen, die ihre Gäste selbst abholen und wieder zum Bahnhof bringen, haben dem Dienstmannberuf den Rest gegeben. Wie alte Erinnerungsstücke aus Münchens besserer Zeit sitzen die Männer mit den roten Mützen heute am Bahnhof.

Einer von ihnen, der diese bessere Zeit noch miterlebt hat, war der Dienstmann Nr. 205, mit seinem bürgerlichen Namen hieß er Georg Schiller. Über 25 Jahre saß er mit seinem „Dienstmobankerl" am Isartorplatz und lauerte auf Kundschaft. Und wenn einer schon über 60 Arbeitsjahre auf dem Buckel hat, dann kann er ein Lied singen von Menschenleid und Menschenliebe. „Die Fremden, die nach München kommen", meinte er, „haben selbst nicht sehr viel, sie sparen meist schon Jahre auf einen Urlaub und tragen dann ihre Koffer selber! Früher war das ganz anders, da gab es noch Arbeit. Kisten befördern, Briefe zustellen, aufs Versatzamt gehen, Blumen überbringen, auf Kinder aufpassen, wenn die Herrschaften in einen Laden gingen und in der Hauptsache natürlich Koffer befördern, vom und zum Bahnhof. Heute sind wir noch gut: für die Auskunft. Wir sind lebendige Adreßbücher, aber dabei fällt kein Zehnerl heraus und leben kann man nicht davon."

Georg Schiller hatte es früher einmal gut. Er war zwanzig Jahre lang schmucker Diener bei einem Hofzahnarzt und zehn Jahre bei einem Justizrat. Von seinem Dienstmannberuf allein konnte er nicht mehr leben. Wenn er abends heimkam, vertauschte er seinen blauen Leinenkittel mit seinem Sonntagsrock und wanderte in die Kammerspiele. Dort hatte er einen kleinen Nebenverdienst als Billeteur. Viele Jahre saß er allabendlich auf dem Gang bei den Garderobefrauen. Manchem mag es aufgefallen sein, daß er den ruhigen Alten mit dem markanten Gesicht und dem gutgepflegten Bart schon mit der roten Mütze, anstatt mit der blaubetreßten Livree gesehen hat.

Die „Dintenliesl" (um 1870)

Schon vor der Jahrhundertwende gab es in München Leute, die mit den verschiedensten Artikeln hausierten. Eine von denen war die Dintenliesl, die mit selbstgemachter Eisengallustinte im nördlichen Schwabing hausierte. Sie war ein altes Weiberl, ärmlich gekleidet, von kleinem zierlichen Wuchs, mit einem von schwerer Arbeit gekrümmten Rücken. Ihr Brot mußte sie recht hart verdienen. Mit zwei Steinflaschen, in denen sie schwarze und blaue Tinte hatte, rannte sie flink wie ein Wiesel durch die Straßen. Ihr Gewerbe kannte man ihr auch an, wenn sie keine Flaschen dabei hatte. Die Hände waren nämlich mit der Zeit schwarz gefärbt, auch im Gesicht zeichneten sich die Spuren der „Fabrikation" der Tinte ab. So war es leicht erklärlich, daß sie allmählich zum Gespött der Kinder wurde, wenn sie irgendwo auftauchte. Darüber geriet aber die Liesl in solche Wut, die sich mit dem zunehmenden Gelächter der Kinder noch mehr steigerte.

Die Münchner Stadtchronik berichtet von ihr unter dem 1. April 1876: „Eine stehende Münchner Straßenfigur, die sogenannte Dintenliesl, welche eilenden Schrittes umherwandelnd, durch ihre Expektorationen über die Schlechtigkeit der Menschen häufig die Zielscheibe des Spottes und der Verfolgung der Gassenjungen wurde, mußte nunmehr ins Irrenhaus gebracht werden."

Max Duffek Weltoriginal (1877–1949)

Max Duffek war, wie er sich selbst nannte, ein „Welt-Original". Von Beruf war er eigentlich alles: Artist, Mimiker, Musiker, Dichter, Schlangenmensch und – was die Hauptsache war: Weltreisender und Besitzer eines Weltreisemuseums.

Vor dem ersten Weltkrieg, im Jahre 1907, wettete Duffek um den Betrag von 500 Dollar, daß er sich in einer Million Arten um die Erde bewegen würde. Ob es tatsächlich so viele wurden, ist gar nicht so wichtig, jedenfalls hat Duffek die Wette gewonnen. Er hüpfte in einem Sack durch die Straßen, ritt auf Ziegen, Pferden, Kamelen, Elefanten, ging auf den Händen, marschierte rückwärts, dabei eine Flöte blasend, verdiente sich bei den Negern in Afrika sein Brot mit akrobatischen Darbietungen, ließ sich in einer Bratpfanne ziehen, war in Honolulu Wellenreiter, überquerte die Themse auf einem Drahtseil, flog in Japan in einem Drachen und ließ sich in der Türkei in einem Bett spazieren fahren.

Duffek in der Werkstatt

Und daß dies alles auch „urkundlich" belegt werden konnte, ließ sich Duffek überall Eintragungen in sein peinlich genau geführtes Tagebuch machen. Darin konnte man die Namen der bekanntesten Persönlichkeiten der Welt lesen, ganz gleich, ob es Bürgermeister oder indische Priester, ob es Fakire, Professoren oder Matrosen waren.

Sein Weltreisemuseum, das den Bomben zum Opfer gefallen ist, war eine Sehenswürdigkeit und allein das Porto, das Duffek zum Heimschicken der Gegenstände ausgegeben hatte, wäre ein Vermögen gewesen. Wo er sich gerade aufhielt, sammelte er. Von der Schlangenhaut bis zum Wurfspeer eines Negerstammes, vom Gebetsmantel eines Mohammedaners bis zu den seltensten Versteinerungen hatte er alles zusammengetragen, zum Beweis dafür, daß er wirklich in dem Land gewesen war.

Duffek war wie so viele Originale kein gebürtiger Münchner, er war am 8. August 1877 in Abensberg, im Bezirksamt Kehlheim geboren. Am 3. September 1949 starb der bescheidene, stille Mann in seiner Münchner Wahlheimat.

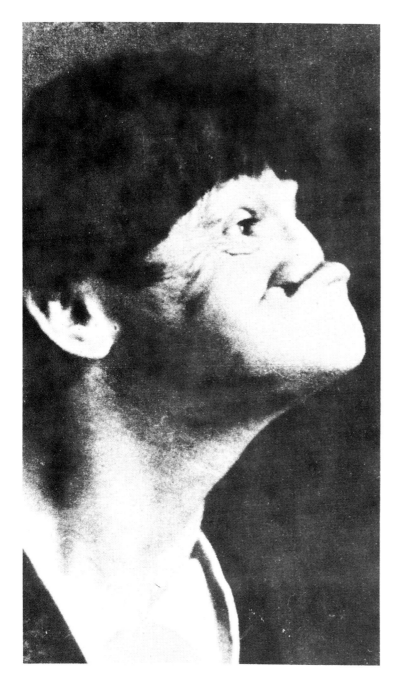

Max Duffek

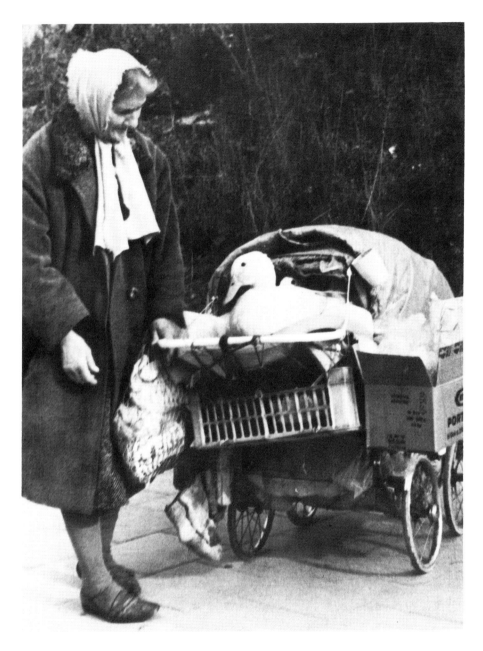

Die Enten-Lina

Die „Entenlina" Lina Huber (1897–1975)

Harmlos durchzog sie München. In einem Kinderwagen fuhr sie eine Ente spazieren, ließ sie auch oft vor sich hergehen und betreute sie nicht weniger sorgfältig wie Mütter ihre leiblichen Kinder. 1897 wurde sie in München geboren, 1975 verstarb sie in ihrer Heimatstadt. Den Behörden machte sie manche Umstände, denn die Hausbesitzer mochten sie wegen ihrer absonderlichen Zuneigung zu Enten nicht allzu gerne. Zeitweilig bemühte man sich, die Entenlina in einem Wohnwagen unterzubringen, dann aber konnte sie ein Domizil in einem Hause des städtischen Liegenschaftsamtes finden. Erstaunlich war, daß die alte Dame kilometerlange Märsche mit ihren Lieblingen machte. Rohe Zeitgenossen luden sie „spaßeshalber" zu Entenbraten ein.

Der „blinde Elias" (um 1840)

Der blinde Musiker Elias zog mit seiner Geige durch die Lokale und spielte auf. Er hatte immer einen Buben oder ein Mädchen dabei. Seine Tochter soll eine berühmte Sängerin geworden sein. In den ersten Jahrzehnten des vorigen Jahrhunderts war er in ganz München bekannt.

Der „Fernrohrmann vom Stachus"
Heinrich Haas (1874–1929)

Wer sah ihn nicht, wie er stillvergnügt vor dem Fernrohr am Stachus stand, gleichsam als ruhender Pol, inmitten des rauschenden Verkehrs, die Vorübereilenden zum Stehenbleiben auffordernd, indem er sie einlud, einen Blick zu tun in die verklärte Welt des Sternenhimmels. Besser wie der geschulte Astronom vermochte er die Wunder in den unendlichen Weiten des Weltenraumes zu zeigen. Jahrelang stand er am Nornenbrunnen. Er war, wie Hans Carossa in "Der Arzt Gion" von ihm sagt:

Der blinde Elias

Der „Fernrohrmann" vom Stachus

„Ein elend gekleideter Mann mit großer Brille, langem zipfeligen Haar und einem schwarzen Künstlerhut, dessen Krempe schlaff herabhing." Und weiter heißt es: „Niemand beachtete ihn sonderlich und die Schutzleute, vielleicht aus Respekt vor zwei Kriegsordensbändchen, die er im Knopfloch seines gelbschimmernden schwarzen Gehrocks trug, lächelten wohlwollend über ihn hin."

Doch diesem wahrhaft volkstümlichen Astronomen, dem Optiker Heinrich Haas, glaubte man ohne weiteres, daß er ein unmittelbares Verhältnis zu dem Ewigen haben mußte, das er anpries, und allen, die zu ihm kamen, kundtat. Zu jeder Tages- und Nachtzeit ließen sich alt und jung die wundersamen Dinge zeigen, die zu sehen ihnen ohnedies selten vergönnt ist.

So wie sich besondere Konstellationen am Firmament ergaben, oder besonders große Sonnenflecken zu sehen waren, so steigerte sich der Andrang vor dem Fernrohr, dessen Besitzer jedem Beschauer noch einen kleinen Vortrag hielt und es gar nicht darauf abgesehen hatte, seine Kunden möglichst schnell abzufertigen. Mehr als einmal ereignete es sich, daß eine große Wolke die Sicht verdeckte und der Passant in seiner Hast eine bessere Sicht nicht mehr abwarten konnte. Dann gab ihm der Sterngucker sein Geld zurück und bat, ein andermal wiederzukommen.

Am 13. September 1929 ist der Astronom und Volksfreund, der wie der Stachus zum Bild der Stadt gehörte, im Alter von 55 Jahren selbst unter die Sterne gegangen und es hat sich anscheinend schon zehn Jahre nach seinem Tode niemand mehr um sein Grab gekümmert. Die letzte Ruhestätte des Fernrohrmannes, im Waldfriedhof, die noch einen Berufskollegen, den Optiker Ludwig Patschler aufgenommen hat, ist schon seit 1939 verfallen.

Der „Finessen-Sepperl" Josef Huber (1763—1829)

Am 26. April 1829 verschied im Alter von 66 Jahren wohl das bekannteste unter allen Münchner Originalen: Der Finessen-Sepperl. Mit bürgerlichem Namen hieß er Josef Huber und soll im Haus Petersplatz 8, das bis zum Jahre 1807 zum sogenannten Dechanthof der St.-Peters-Pfarrkirche gehörte, geboren sein. Trotz aller Nachforschungen sind weder er noch seine Eltern in den Pfarrmatrikeln der Peters-Pfarrei nachweisbar. In der Staatlichen Münzensammlung befindet sich eine Silbermünze — ein Dokument Münchner Gemütlichkeit der Biedermeierzeit —, auf der seine bekannten Redensarten stehen: „A Compliment z'Haus an d' Nani", „Nix Gwiß woas ma nit". „Drei Stiagn obern Kamin", das war sein Spruch, wenn er nach seiner Wohnung gefragt wurde. Die soll aus einem bescheidenen Stübchen am Oberanger bestanden haben. Der Finessen-Sepperl spielte die Rolle eines Vertrauensmannes in heimlichen Angelegenheiten, vor allem in Liebessachen. Er beförderte Briefe an die richtige Adresse, vermittelte ein Stelldichein, schlichtete Streitigkeiten und war von allen Geheimnissen der damals so kleinen Stadt unterrichtet, ohne je eines preiszugeben.

Der Finessen-Sepperl

Seine Kundschaft setzte sich vornehmlich aus den oberen Schichten zusammen. Wurde er beim Übergeben eines Liebesbriefes überrascht, dann sagte er sein Sprüchlein und streckte den Henkelkorb entgegen, in dem er grad Rettiche liegen hatte:

„Koan Liebesbrief hab i, san grod Radi,
Da muß i schon bitten sehr um Gnadi,
Do kinna S' no den Kreuzer sehn.
Mehr bring i net mit Radi z'weg'n."

Unzählig sind die Anekdoten, die man sich von ihm erzählt, doch seine letzte, nämlich die, daß man seine Gebeine in der Anatomie heute noch aufbewahrt, entbehrt jeder Grundlage. Der Finessen-Sepperl ist am 26. April 1829 gestorben und wurde drei Tage später im alten südlichen Friedhof beerdigt. Sein Grab trägt die Nummer 13 4 27.

Joseph Huber ward ich genannt,
Als Finessenseppperl wohl bekannt.
Ich komme vom Elysium
Und trage meinen Brief herum.

Es sind schon über zwanzig Jahr,
Daß ich nicht mehr in München war,
Und jetzt muß ich schon wieder fort,
Drum schön Nanni bhüt dich Gott!

Münchner Stadtchronik vom Samstag, 26. April 1829:

„Starb dahier Josef Huber, 60 Jahre alt, Kutscherssohn von hier, eine unter allen Schichten der Bevölkerung unter dem Namen ‚Finessensepperl' bekannte Persönlichkeit. Er war ein kleines schmächtiges Männchen, war stets mit einem schwarzen ledernen Käppchen und kurz abgeschnittenem Spenzer bekleidet, gewöhnlich trug er einen kleinen Armkorb und einen Hafen mit sich. Er ließ sich zu verschiedenen Commissionen gebrauchen, als zum Austragen von Briefen u.s.w. Seine drolligen Einfälle und Antworten gefielen den Leuten und sein gewöhnliches Sprichwort: ‚Nix g'wiß weiß man nit' — wurde zum allgemeinen Sprichwort der Münchner. Seine Hinterlassenschaft bestand aus sechzig Kronenthalern. Das Scelett desselben wurde in der Anatomie aufgestellt."

„Peter Fleckerl vom Rindermarkt" Peter Wirrlein (16. Jahrht.)

Zur Zeit Herzog Albrecht V., der von 1550–1579 regierte, lebte in München ein sagenhaftes Männlein, das wegen seiner Neugierde ebenso bekannt, wie gefürchtet war. Es hieß eigentlich Peter Wirrlein, war Schneider von Beruf und wohnte am Rindermarkt. Recht begütert scheint er nicht gewesen zu sein, denn sein Name ist in den alten Münchner Steuerbüchern nicht zu finden, ein Zeichen, daß er nicht viel hatte. Von ihm ist nur wenig überliefert. Eine Erzählung aus dem 19. Jahrhundert schildert ihn als alleinstehenden, nicht besonders arbeitsamen Mann, der selten in der Kirche zu sehen war.

Um seine Langeweile zu vertreiben, mischte er sich in aller Leute Angelegenheiten, weil er glaubte, daß jedermann um seine weisen Ratschläge froh wäre. Sah er an einer Ecke Leute im Gespräch zusammenstehen, so steckte er neugierig seinen Kopf dazwischen und war erstaunt, wenn die Unterhaltung stockte, fürchtete man doch, Wirrlein könnte es dem Rat der Stadt hintertragen oder es könnte gar dem Herzog zu Ohren kommen. Durch die Schwatzhaftigkeit des Schneiders wurde so mancher zu Herzog Albrecht geladen und zu einer Entschuldigung gezwungen, selbst wenn er nichts davon wußte. Man spottete zwar über den Neugierigen, aber allmählich kam es so weit, daß sich der Spott in Zorn verwandelte.

Peter Flecklein

So geschah es, daß drei Bürger beschlossen, ihn gehörig hereinzulegen. Und da auch der Herzog von dem Treiben Wirrleins wußte, war es nicht schwer, die Rache recht ausgiebig zu gestalten. Die Zeiten waren auch sehr unruhig, Wirrlein glaubte es daher sofort, als man ihm „ganz im Vertrauen" beigebracht hatte: „Es ist Verrat los in München. Dessen sind wir wohl berichtet und am Herzog soll's ausgehen!" Das hätte einer verraten, der mit im Spiel war, er sei aus Furcht und Reue fort und habe nichts hinterlassen, als „der Herzog möcht wohl acht haben". Der Eisenmann Kunz, ein Vertrauter des Herzogs, gelte als Rädelsführer. Er, wie die anderen Verschwörer, hätten ein rotes Flecklein unter dem Gewand, als Erkennungszeichen. Wenn sie sich träfen, sage der eine: „Flecklein rot", der andere antworte: „Hat keine Not!" Nachdem dies Wirrlein vernommen, hatte er nichts Eiligeres zu tun, als sofort zum Herzog zu laufen. Im Vorzimmer bürstete man ihn sorgfältig ab, damit er auch „sauber und rein vor den Herzog trete" und heftete ihm dabei ein rotes Stück Stoff auf den Rücken. Kurz darauf trat Wirrlein vor den Herrscher, der sich gerade mit Eisenmann Kunz unterhielt und berichtete seine Neuigkeit. „So sagt Ihr d e r wär's", entgegnete der Herzog, auf Kunz deutend, „der ist's nicht, Peter Wirrlein, der mir anwill. Der selbiges Flecklein auf dem Rücken trägt, ist ein anderer, ein windflüchtiger, aller Welt lästiger Geselle, der sich nicht scheut, der Menschen Ruhe zu stören allhie in unserer Stadt und nun so weit gekommen ist, sich an Uns heranzuwagen. Wißt Ihr, Peter Wirrlein, wer der ist? Das seid Ihr selbst und Ihr selbst kommt daher mit einem roten Zeichen Eurer Bosheit und Narrheit. Die Grube, die Ihr dem gegraben, ist's, in die Ihr selbst gefallen seid. Wo Ihr aber wieder ein Wort wagt, die Menschen mit Eurer Narrheit zu belästigen, so laß ich Euch wieder daher führen und werf Euch meinem Löwen Sultan vor!" Im selben Augenblick trat der Löwe – er war zahm, doch wußte es Wirrlein nicht – unter die Türe und schaute grollend auf den armen Sünder. Wirrlein wollte davonlaufen, doch die Ratsdiener ließen sich nicht erweichen, führten ihn auf den Markt, stülpten ihm eine Narrenkappe über und setzten ihn auf den hölzernen Pranger-Esel. Auf dem mußte er eine Stunde reiten zum Gaudium der ganzen Stadt und kam dann bis zum Abend ins Narrenhäuschen am Rathaus. Von dieser Zeit an nannte man den Angeprangerten „Peter Fleckerl". Er konnte sich nun in München nicht mehr halten und begab sich bald ins Schwäbische, wo er – eingedenk seiner Lehre – verträglich geworden, mit ziemlich gutem Leumund verstarb.

Heute noch gibt man dem Neugierigen zur Antwort: „Geh zum Peter Fleckerl am Rindermarkt!"

Die „Fischerin von Schwabing" (um 1880)

Die Fischerin von Schwabing war meist schon in den Vormittagsstunden ziemlich angeheitert, wenn sie ihre Fische anpries. Sie machte sich durch ein langgezogenes „d' Fi———scherin is da!" bemerkbar. Sie war nicht gerade stadtbekannt, aber im nördlichen München kannte sie um 1880 jedes Kind.

Der „Flinserlschlager" Michael Liebwerth (gest. 1888)

Über den Flinserlschlager schreibt eine Münchner Zeitung im Jahre 1899:

„Er war ein verheirateter Goldschläger und hieß Michael Liebwerth. Als großer Spaßmacher bekannt, marschierte er oft, einen Stock schwingend, strammen Schrittes an der Spitze der Wachparade. Zur Maibockzeit spielte er im alten Bockstall an der Münzstraße eine führende Rolle. Der Flinserlschlager starb 1888. Im damaligen Auer Gottesacker fand er die letzte Ruhe."

Seinen Namen hatte er von den Flinserln, die er herstellte. Das waren kleine Plättchen, die die Frauen zum Schmuck an die Riegelhauben nähten.

Der „Flinzerl-Schneider" (um 1900)

In der zweiten Hälfte des vorigen Jahrhunderts gehörte er zu den fleißigsten und pünktlichsten Besuchern des Hofbräuhauses, der Schneidermeister Flinzerl von der Au. War er der erste am Morgen beim Anzapfen, so erschien er ebenso pünktlich abends 9 Uhr auf dem Betschemmel vor dem großen Kastanienbaum an der Auer Kirche, an dem das Kruzifix mit dem Blechdach hing.

In einer zeitgenössischen Veröffentlichung heißt es über den Flinzerl:

„Wer hätte geglaubt, daß Meister Flinzerl, der alle Viechereien im Hofbräuhaus mitmachte, der die großen Trommel-Conzerte auf Blechschüsseln, Blechkannen und Töpfen arrangierte, dirigierte und selbst fleißig dabei mitwirkte und dazu Lieder sang, die wohl nirgends wieder, außer in den heiligen Hallen des Hofbräuhauses gehört wurden, wer wollte es glauben, daß derselbe Flinzerl, der von früh bis zum Abend alle Lumpereien anzettelte und mitmachte, jeden Abend Punkt 9 Uhr vor dem Kruzifix an dem Kastanienbaum in der Au kniete und die Hände faltete?"

Das konnte ihm freilich niemand glauben. Und so entschloß sich ein Hofbräuhausgast, ihn zu belauschen, ob er wirklich andächtig bete. Deshalb bestieg er kurz bevor Flinzerl kam den Baum und versteckte sich in den Ästen. Als der Lauscher einige Minuten vergebens auf das gesprochene Gebet wartete, rief er mit flehender Stimme aus seinem Versteck: „Ach Flinzerl, lieber Flinzerl!" Und als die Stimme nochmals rief, war der Flinzerl felsenfest davon überzeugt, daß die Worte vom Kruzifix herunter kämen; er antwortete: „Was willst Du denn, liebes Herrgöttle, womit kann ich Dir denn dienen?" Da erscholl es aus dem Geäst des Baumes: "Geh' Flinzerl, Du kannst mich..." Wild geworden rief der Flinzerl hinauf: „Du Saulackel, Du kannst mich ja gleich tausendmal..."

Die „Hedwig" Hedwig Forster (1855—1927)

Im November 1927 verstarb die Kellnerin Hedwig Forster, damals Münchens älteste Vertreterin ihres Standes. Über 37 Jahre war die Hedwig im Hofbräuhaus tätig und trotz ihrer 72 Jahre trug sie noch die acht vollen Maßkrüge, an jeder Hand vier. Die Hedwig gehörte zum Inventar des Hofbräuhauses, genau wie der Lenbach, der Professor oder die Zeitungspeppi. Im Laufe der Jahre hatte sich um die Hedwig ein Kreis von Stammgästen gebildet, die nur von ihr bedient werden wollten, denn aus

ihrer Hand schmeckte es am besten. Nach der Berechnung „erfahrener Statistiker" hat sie in ihrem Leben 1 300 000 Liter Bier ausgetragen, größtenteils in Keferlohern. Rechnet man nun einen Maßkrug mit Inhalt zu 1900 Gramm, so kommt man auf das fast unglaubliche Gewicht von 2 470 000 kg, das die Hedwig in 37 Jahren von der Schenke auf die Tische der Gäste befördert hat.

Über das flüssige bayerische Brot konnte Frau Forster viel erzählen. Sie wußte noch, wie es in den 90er Jahren beim Bierkrawall am Nockherberg zugegangen ist; sie hat es miterlebt, wie man nach und nach den Bierpreis, wenn auch nur um Pfennige, erhöht hat und wie gleichzeitig damit das Trinkgeld weniger wurde und an Wert verlor. Von 24 Pfennigen im Jahre 1891 stieg der Liter während der Inflation im Oktober 1922 auf 42 Mark, eine Semmel dazu kostete 5 Mark. Im Dezember mußte man schon 140 Mark zahlen, am 30. Juni 1923 kassierte die Hedwig für die helle Maß 3200 Mark. Und dann 1926 die Sache mit dem Einheitsbier, das sich, wie die Hedwig feststellte, zum Glück nicht durchgesetzt hat. Es habe auch schon eine Zeit gegeben, da die Regierung selbst die Ermäßigung des Bierpreises um 2 Pfennige gefordert habe, nämlich im Frühjahr 1926.

„Wenn i net so an mein Beruf g'hängt wär, dann hät i mi scho lang um was anders umg'schaugt, denn manchmal hab i wirklich nimmer zuschau'n können, was mit dem Bier und dem Bierpreis alles g'macht worn is", sagte die Hedwig, als ihr zum 72. Geburtstag gratuliert wurde.

Die „Frau mit dem Bart" Maria Baier (um 1930)

An schönen Tagen, wenn Sonne über dem Baldeplatz lag, sah man in den dreissiger Jahren auf einer Anlagenbank ein seltsames Paar sitzen. Sie redeten wenig miteinander, die beiden alten Leute, blinzelten in die Sonne, der Rauch ihrer Pfeifen wehte melancholisch um sie und hie und da flatterte ein gelbes Blatt aus den Bäumen und schlug leise vor ihnen zur Erde. Der Mann hatte seinen Hut tief in der Stirne und schaute wunschlos in die stille Herbstluft, die Frau aber, hutlos, ließ die hochgekämmten, hellergrauten Haare im leisen Wind flattern und strich ihren schönen, langen Bart, der ein gütiges Altfrauengesicht umrahmte.

Maria Baier, die Frau mit dem langen Männerbart und ihr Mann wohnten seit vielen Jahren in München. In der Dreimühlenstraße und in der Gegend um den Schlachthof kannte man sie gut und nicht einmal die Straßenjugend, deren ungehemmte Neugier und lauter Spott oft herzlos sein können, nahm besonderes Interesse an ihrer Erscheinung. Vor Jahren aber war die Frau eine angestaunte Persönlichkeit, reiste fast durch ganz Deutschland und hatte manches erlebt, was schön war und auch traurig. Frau Baier, die man in ihrer kleinen sauberen Wohnung, drei Treppen hoch im Rückgebäude des Hauses 26 in der Dreimühlenstraße besuchte, erzählte selbst davon und lächelte versonnen in der Erinnerung an ihre Jugendzeit. Sie rauchte die angebotene Zigarette, blätterte in vergilbten Photographien und plauderte von ihrer Jugend in Schleißheim, wo ihr Vater Wasenmeister war.

Wegen ihrer seltsamen Erscheinung hatte Frau Baier oft Aufsehen erregt, das ihr nicht immer angenehm war. Mancher Polizist hielt sie für einen verkleideten Mann. Allmählich aber gewöhnte man sich an sie. Überdies bekam sie von der Polizei einen besonderen Ausweis ausgestellt, der sie vor Verhaftungen und ähnlichen Unannehmlichkeiten schützte. Sie erzählte auch von einem Bartwuchsmittelfabrikanten aus der Tschechoslowakei, der mit ihr Reklame machen wollte. Vom Wachstum ihres Bartes berichtete sie: Die ersten Härchen hat sie eine zeitlang mit der Schere abgeschnitten, später aber zweimal in der Woche abrasiert. Das hat den Bart erst richtig zum Wachsen gebracht. Als es dann aber nicht mehr zu ändern war, meinte sie, man solle die Gabe Gottes tragen, wie sie einem gegeben ist. Nur, was einstens pechschwarz war, war später eben weiß und darum nicht minder reizvoll.

Die letzten Jahre war ihr Mann arbeitsunfähig, sie lebten beide von einer kleinen Rente, die ihnen das Wohlfahrtsamt gewährt hatte.

Die Frau mit dem Bart

Die „Fuchsbarbel" Barbara Lösslin (1680–1752)

Vor zweihundert Jahren verstarb in München ein komisches Weiberl. Sie hieß mit ihrem richtigen Namen Barbara Lösslin, auch Lösslein, damals nahmen es die Schreiber nicht so genau, sie schrieben wie sie es hörten. Die Lösslin, eine verwitwete Gärtnersfrau, war um 1680 geboren und im Jahre 1752 verstorben.

Was sie zur Straßenfigur machte, war ihr zahmer Fuchs, den sie bei ihren Spaziergängen an der Leine durch die Stadt führte. Meist hielt sie sich in der Gegend vom Sendlingertor auf, in dessen nächster Umgebung sie auch ihre Wohnung gehabt haben soll. Ihre Schimpfwörter gesammelt, wären ein dickes Buch geworden. Sie schimpfte auch den ganzen Tag und wenn ihr jemand nachgesehen, oder auch nur ihren Fuchs näher betrachtet hat, dann hat sie ihn gleich angeschrien: „Mach Dei Mäu zua, sonst steck i Dir an Knödel 'nei!"

Und das ist alles, was man heute von ihr noch weiß.

Der „Gärtner Rank" Wolfgang Rank (gest. 1932)

Jedes Neuhauser Kind hat ihn gekannt, den Mann mit dem langen Bart. Er trug ein talarartiges Gewand, eine großgliedrige Kette mit einem Kreuz um den Hals und sah viel älter aus, als er wirklich war. Schon 1931 hatte man einmal den Gärtner Wolfgang Rank aus der Merianstraße totgesagt, wirklich starb er aber erst im Januar 1932, im Alter von 43 Jahren.

Jeden Tag war er der erste in der Herz-Jesu-Kirche, wo er auf dem nackten Steinboden kniete. Sonntags ging er in die ersten Messen im Bahnhof und dann noch in seine Pfarrkirche; bei jeder Andacht konnte man ihn sehen.

Sein Häuschen – inmitten eines großen Gartens – war über und über mit frommen Sprüchen von seiner Hand beschrieben. Als Soldat im ersten Weltkrieg wurde er verschüttet und es schien ihm wie ein Wunder, daß er noch gerettet wurde. Seitdem litt er an Schwermut, die noch gesteigert wurde, als seine Frau starb und ihm Zwillinge hinterließ, von denen das eine Kind von einem Hauptmann adoptiert wurde. Das zweite betreute seine bei ihm lebende Mutter, es starb aber auch im Kindesalter.

Der Gärtner Rank

Haus des Gärtners Rank in Neuhausen

Ranks Leiden verschlechterte sich mit den Jahren. Doch war sein Geist zeitweise wieder sehr rege, besonders, wenn er Gleichgesinnte in seinem Haus versammelte und Vorträge hielt, wobei er mit Spöttern sehr nachdrücklich abrechnete.

Für ihn gelte, so sagte der Geistliche bei der Beerdigung Ranks, das Wort Christi, das er einst in seiner Bergpredigt gesagt hat: „Selig sind die Armen im Geiste, denn sie werden Gott anschauen!"

„Papa Geis" Jakob Geis (1840—1908)

In der Nähe des Karlstores ging ein älterer Herr, der in seiner Kleidung fast wie ein Geistlicher aussah. Da kamen Kinder die Straße herauf. Als sie den Herrn sahen, eilten sie auf ihn zu, umringten ihn fröhlich, reichten ihm die Händchen und riefen: „Grüß Gott, Papa Geis!" Der alte Herr war hocherfreut und sagte: „Ja, da san ja meine Wutzerl! — Grüß euch Gott. Seids nur recht brav und tuts euere Eltern schön folgen." Das war der Jakob Geis, der Volkssänger: väterlich, gütig, mit einem lustigen Gesicht, und immer auch ein bißchen belehrend. Der Ort, wo sich diese Szene ereignete, war in der Nähe von Geis' Wirkungsstätte.

Wo heute das Kaufhaus Oberpollinger steht, befand sich damals das Café Propst, ein sehr vornehmes Café. Als es 1856 eröffnet worden war, erregte es die Gemüter der Münchner. Es war die erste Gaststätte mit Oberlicht, dazu kamen prächtige Holzschnitzereien; im Billardsaal, der damals zu jedem Café gehörte, prangten an den Wänden Ölgemälde. Die Decken waren reichlich mit Stuck verziert. Als König Ludwig I. von diesem Luxus erfuhr, äußerte er: ,,Was, Stuck? Was bleibt denn da für die Kirchen?"

Neben diesem Prachtcafé stand eine der bekanntesten Gaststätten Münchens, das Hotel Oberpollinger. Im Erdgeschoß hatte dieses Hotel einen langgestreckten, mit Säulen abgestützten schmalen Saal, den grelles Gaslicht erleuchtete. Hier, in dieser vornehmen Umgebung, wirkte Papa Geis. Auch dies war typisch für ihn, denn auch seine Darbietungen waren nie derb, sondern immer nobel und dezent. Alles Verletzende, Zotige und Unanständige lehnte er ab. Volle dreißig Jahre lang hat er hier zur Freude der Münchner, man möchte fast sagen, residiert.

War Welsch der Vertreter des Bäuerlichen, so war Geis der Repräsentant des Bürgerlichen, des gut Münchnerischen. Dies Münchnerische barg schon einen kleinen Witz; denn Geis war nicht in München geboren, sondern in Athen. Es war in der Zeit, da der Sohn Ludwigs I. als König Otto in Griechenland regierte und viele bayerische Beamte an seinem Hofe tätig waren. Auf diese Weise kam Jakob Geis als Sohn eines Hofoffizianten am 27. Dezember 1840 im Lande der Klassik zur Welt. Geis hat später oft auf diese Tatsache angespielt und humorvoll behauptet, an seinem klassischen Profil und an seiner Sprache erkenne man unschwer den Griechen. Der bayerische Mundartdichter Peter Auzinger, ebenfalls ein geborener Grieche, hat in einem Gedicht an Geis auch auf ihre gemeinsame klassische Herkunft angespielt.

Mit sieben Jahren kam Geis nach München. Als er der Volksschule entwachsen war, sollte er Geistlicher werden. Er wurde deshalb zum Studium auf das ,,Hollandeum" geschickt. Mit dem Geistlichen wurde es aber nichts — das Schicksal führte ihn zur heiteren Kunst. Etwas aber blieb doch von der Vorbildung hängen. Geis ging immer schwarz, mit einem Stich ins Klerikale gekleidet, so daß er manchmal auf der Straße gegrüßt und als Hochwürden angesprochen wurde. Auch sein Gesicht mit den lustig zwinkernden Augen hinter der goldenen Brille erinnerte an einen fröhlichen Landpfarrer.

Papa Geis

Wie Geis aber zur Bühne kam, ist nie ganz geklärt worden; auch er selbst hat darüber nicht gesprochen. Tatsache ist, daß sein Ensemble seit dem Tage der Eröffnung im Jahre 1868 an der Spitze aller Münchner Volkssängergesellschaften stand.

Papa Geis war seinen Mitgliedern, die übrigens Gehälter wie Landgerichtsräte bezogen, wahrlich ein Vater. Auch im Leben war er ein liebenswürdiger Charakter, der jederzeit gern bereit war zu helfen, wo er nur konnte.

Seine Popularität war ungeheuer, und endloser Jubel erscholl, sobald er das Podium betrat. Manche seiner Schlager wurden wochenlang auf der Straße gesungen. Gern nahm er Tagesereignisse aufs Korn, wie etwa das damals gerade in Mode kommende Frauenstudium.

>Was die Madl alles schon bei uns heut studiern,
>Physik, Mythologie, ja sogar Seziern,
>Die Planeten und die Stern kennen sie ganz fix –
>Woana könnt ma, woana könnt ma,
>Kochen könna s' nix.

Politisch wurde er selten, aber dann treffend. Die nachfolgenden Verse auf einen Abgeordneten sind ebenfalls noch aktuell:

>Bei Versammlungen redt einer g'scheit,
>Einzustehn fürs Volk ist er bereit;
>Wird in die Kammer gewählt dann dieser Herr –
>Woana könnt ma, woana könnt ma,
>Hört man gar nix mehr.

Einer von Geis' Originalvorträgen war sein „Bemoostes Haupt". Wenn dieser Vortrag in den Zeitungen angekündigt wurde, war schon um sechs Uhr zur Abendvorstellung kein Platz mehr frei. Wenn er dann mit seinem Cantus loslegte, wurde die Szene zum Commers, und die zahlreichen anwesenden Studenten stimmten begeistert mit ein. Dabei leerte Geis im Verlauf der Darbietung zwei Maß Bier, und mit ihm, auf sein Kommando, natürlich auch die Studiosen.

Nur einmal hat der bescheidene Geis auch von sich und seinem Werdegang gesprochen. Es war zur Feier seines sechzigsten Geburtstags, die im Löwenbräukeller stattfand. Als er da gefragt wurde, worauf seine Erfolge zurückzuführen seien, antwortete er: „Ich habe meine Popularität schwer errungen. Als ich meine ersten opera gesprochen hatte, waren Publikum und Kollegen gegen mich. ‚Wennst a Schnadahüpfl singst, machst mehr', sagten sie. Unter den Leuten aber, die eingesehen haben, daß das nicht stimmt, war glücklicherweise ich selbst. Ein anderer hätte die Flinte ins Korn geworfen. Ich habe aber dazu meinen Beruf zu sehr geliebt. Wenn von sechs Couplets sieben durchgefallen sind, habe ich ein achtes geschrieben. So erzog mich mein Publikum."

Die Erfolge von Geis beruhten aber auch auf seiner Persönlichkeit. Er verstand es vortrefflich, seine tüchtigen Mitglieder an sich zu fesseln. Schon die Anfänger bezahlte er gut, nahm sich ihrer an und brachte ihnen seinen Stil bei, von dem er sagte, daß er ihn den Wiener Kollegen abgeschaut hätte. Bei ihm zu arbeiten oder gelernt zu haben, galt als eine Ehre. Geis hatte deshalb auch nichts dagegen, wenn sich einer aus seiner Gesellschaft selbständig machte und auf seinen Programmzettel dann hinter den Namen schrieb: „Von der Gesellschaft Geis."

Eine Besonderheit war, daß Geis keine Damen in seinem Ensemble beschäftigte. Dafür aber hatte er ausgezeichnete Damen-Imitatoren. Zu ihnen gehörte Christian Seidenbusch, der nebenbei viele Texte schrieb. Ein vortrefflicher Damendarsteller war auch Willy Schäffer, dessen schickes Auftreten und dessen klangvolle Sopranstimme, in Verbindung mit blendenden Toiletten, die Zuschauer so lange täuschten, bis er dann, etwa beim Schlußrefrain eines Liedes, in dröhnenden Bierbaß überging.

Auch die anderen Mitglieder der Gesellschaft waren Könner; so Königshöfer, die rechte Hand von Papa Geis, ferner der Liedersänger Anderl Mayerhofer, die Komiker Carl Müller und Georg Huber, der Bassist Schmettana, der Pianist Dammas, dazu noch Namen wie Haibl, Held, Max Hotz, Bertoni, Philippi, Hias Lechl, Bachus Jakobi und Wiesner.

Kurz vor der Jahrhundertwende standen Geis und sein Ensemble auf der Höhe des Erfolges. Die meisten Mitglieder der Truppe haben später, nach dem Tod ihres

Lehrmeisters, eigene Gesellschaften gegründet. Als Geis sich von der Bühne zurückzog, wollte er, wie er sagte, noch einige Jahre lang sein Privatleben nachholen. Es war ihm nicht vergönnt. War es Fernweh oder das Vorbereiten auf die Große Fahrt ins Meer der Ewigkeit, daß er in einem Strandkorb im vierten Stock des Hauses Nr. 15 der Dienerstraße seine letzten Lebenstage verbrachte? Wir wissen es nicht. Am 3. März 1908, während seine Münchner sich fröhlich dem Faschingstreiben hingaben, hat sich Papa Geis gegen elf Uhr abends von ihnen für immer verabschiedet. Die Erinnerung an ihn lebt heute noch im Volk weiter. Die Stadt München ehrte den großen Komiker mit einer „Papa-Geis-Straße".

Der „Gemming Gustl" (1837—1893)

Im Jahre 1893 verstarb der Gemming Gustl. Als Leutnant hatte er den siebziger Feldzug mitgemacht. Von seinen Schnurren sind heute noch viele in Umlauf. Er selber hatte eine Postkarte drucken lassen, auf der er, die Schwegelpfeife blasend — er war auch sehr musikalisch — beim Maßkrug sitzend, dargestellt ist, mit seinem Leibspruch auf der Rückseite:

> „Und wenn die Welt in Trümmer geht,
> Und alles heult in Nöten,
> Egal, ob's grad geht oder krumm,
> Ich scher' mich einen Teufel d'rum,
> Ich blas' fidel mei Flöten.
>
> Zur freundlichen Erinnerung an Gustl Gemming,
> Deutscher Landsknecht a.D. (= aus Durscht), Lyriker von Gottes Gnaden,
> Gebirgsmensch und Freiherr der ganzen Welt."

Neben vielen anderen humorvollen Wetten war wohl die die originellste, daß er unbekleidet durch die Straßen reiten werde. Er gewann sie auch. Mit bunten Farben hatte er sich die Chevauxlegeruniform mit allen Abzeichen auf den Körper malen lassen. — Als er eines Tages eine gerichtliche Vorladung wegen einer höchst peinlichen Vaterschaftssache erhielt, besah er sich die Zwillinge, dann sagte er kurz: „Den einen kenn' ich, den anderen nicht!"

Auch als Verfasser einiger recht schrulliger Büchlein hat er sich verewigt. Eines hat er „Vermehrter Anhang zu den Poetischen Verbrechen" genannt, zu diesem Erzeugnis lieferte er auch noch die Illustrationen selbst. Wir wollen nur zwei seiner literarischen Produkte anbieten:

> „Vor der Pyramide liegen zwei Sphinx, —
> die eine liegt rechts — die andere links.
> Läge die Rechte zur linken Seiten —
> könnte man's sehen schon von weitem —
> daß die rechte von die zwei Sphinx —
> liegt links!"

Oder dieses:

> „Die Schwiegermütter — san oft Luada!
> Bin selba mentisch einitappt!
> Der Adam is am meisten z'neiden —
> der hat koa Schwiegermuatta g'habt!"

Seine weiteren Erzeugnisse wie „Ha, welche Lust Soldat zu sein" oder „Der Platzstabsoffizier" gehören heute zu den rarsten Münchner Schmankerln.

Das Grab des Gustl befindet sich im alten nördlichen Friedhof.

„Naturapostel Gräser" (1879–1958)

In der Tracht der biblischen Apostel wanderte der Gustav Gräser durch München und erregte Aufsehen bei jung und alt. Er kam aus Siebenbürgen, lebte aber recht gerne in München, das er als seine zweite Heimat anerkannte. Seine Nahrung bestand aus Milch und Brot. Seinen Lebensunterhalt bestritt er durch Herstellung von kleinen Bildern und Zeichnungen, die man gerne vom „Apostel" erwarb. Der fast zwei Meter große Mann war von gütiger Zuneigung zum Menschengeschlecht erfüllt, wie er selbst gerne seinen Zuhörern erklärte, und versäumte nie, seine Zeitgenossen über ihre verderblichen Genüsse wie Fleischessen und Rauchen aufzuklären und zu warnen.

Die „unsinnige Gretl" (um 1600)

Die Ratsprotokolle des 16. Jahrhunderts vermelden des öfteren die Festnahme der „unsinnigen Gretl", wegen ihrer fürchterlichen Lästerzunge. Mehrmals mußte sie zur Schergenstube beim Rathaus gebracht werden und daraufhin auf dem Prangeresel reiten. Außerdem wurde sie mit einer Zungenmaske durch die Stadt geführt.

„Professor" Guggemos (gest. 1880)

Mit dem Hofbräuhaus innig verbunden war der Professor Guggemos, ein Allgäuer von Geburt. In einer Ecke des großen Saales oder Gartens saß er halbe Tage lang still und freundlich, jedem Vorübergehenden zulächelnd, Winter und Sommer in einem abgeschabten weiten langen Rock, den man einmal als Überzieher bezeichnet haben mag. Das Gesicht zeigte den Ausdruck eines echten Hofbräuhäuslers, etwas aufgedunsen und kupferfarbig mit einem Zug stiller Zufriedenheit und ernsten Schweigens.

Am wohlsten war es dem Professor in der Gesellschaft lustiger Studenten. Hatte er doch erst als hoher Fünfziger die Würde des bemoosten Hauptes abgelegt und sein Staatsexamen gemacht. Als er in das Verhältnis des Lehrers zu den Schülern treten sollte, brachte er es nicht über sich, als Älterer zu den Jüngeren zu sprechen und gar bald behandelte die Jugend den sehr belesenen Mann überall als Altersgenossen.

Er warf seine Würde von sich und begab sich zurück in jene Hallen, wo er so oft als „kreuzfideler Studio" gesungen. Ein gewisses Phlegma und eine außerordentliche Bedürfnislosigkeit ermöglichten es ihm, mit verschwindend geringen Mitteln zu leben. Mit einer Wurst und einer Tasse Kaffee im Tag, außer den Kalorien, die das Bier gibt, lebte er mit zwanzig wie mit fünfzig Jahren. Ein Säufer war er nie.

Bedeutende Männer zählten zu seinen Mitschülern, so der Dichter Herrmann Lingg, der Rechtslehrer Brinz und viele andere. Einer dieser ehemaligen Schüler, ein Münchner Universitätsprofessor, lud den Alten zum regelmäßigen Mittagessen ein. Eine zeitlang kam Guggemos, dann meinte er eines Tages: „Schau, Alis, es ist recht gut von Dir, mich zu unterstützen, aber Du machst Dir Kosten, hast dabei Umstände und ich den weiten Weg in Dein Haus. Gib mir lieber das Geld, ich esse dann den ganzen Monat davon und unterhalte mich besser dabei."

Wenn der Professor nicht im Hofbräuhaus zu finden war, dann spielte er irgendwo Schach. Er gehörte darin zur Gattung der Kibitze, er schaute lieber zu, war aber dabei nicht aufdringlich und gab seinen wohlüberlegten Rat nur, wenn er gefragt wurde und dann im urschwäbischen Dialekt mit der Befangenheit eines Primaners.

Oft sah man ihn auch sogenannte Musterpartien, ganz allein in einem stillen Winkel, spielen. Von irgend einer schönen Spielvariante gerührt, sagte er oft: „Ja, ja, eine Maß Hofbräuhaus, eine Prise Schnupftabak, Pariser Nr. 2 und eine Partie Schach bleiben das Schönste auf der Erde!" Die Leidenschaft des Schnupfens verdrückte beinahe die beiden anderen, man konnte sich ihn wohl zeitweilig ohne Bier und Schach vorstellen, aber nie ohne die Dose „Schmei". Diese Dose behandelte Guggemos mit einer Zärtlichkeit, die sie in den Geruch brachte, das Andenken einer Jugendliebe zu sein. Er versicherte allerdings, daß er sich solchen Luxus nie gestattet habe. Nur einmal soll er in vorgerückter Stunde, unter Biereinfluß, seine Verstocktheit abgelegt und von einer Liebesnacht und Liebeszauber gesprochen haben.

Jährlich um Ostern begann er seine Vorbereitungen zur Reise ins heimatliche Allgäu. Wenn die Hundstage zur Neige gingen, war er gerüstet, dann fuhr er mit der Eisenbahn bis Landsberg und auf Schusters Rappen ging's vom Pfarrhof zur Apotheke, von da zum Doktorhaus, von der Forsthütte zum Gerichtsgebäude, überall gern gesehen, in Richtung Heimat. Bei seinen Quartiergebern erzählte er vom Leben und Treiben in der Hauptstadt, spielte eine Partie Schach und zog nach kurzem Aufenthalt wieder von dannen. Um Allerheiligen, mit Beginn der Vorlesungen an der Universität und mit Schluß des Sommerbierausschankes auf dem Lande, tauchte der Wanderer plötzlich wieder in München auf und das alte Spiel in neuer, aber unveränderter Auflage begann von neuem.

Im Jahre 1880 allerdings begann die Einleitung zu einer größeren Reise. Der Mann, den man nur rotbackig gesehen, erschien bleich, die frischen Augen wurden matt, die Freude am Schach, am Bier, ja an einer Prise, schien getrübt und nach kurzer Zeit haben sie ihn im Januar zu Grabe getragen.

Am 17. Januar 1880 war im „Neuen Münchener Tagblatt" ein Zimmer ausgeschrieben, „einfach möbliert", das hatte der zwanzigjährige Student bezogen und der fast Sechzigjährige verlassen.

Der „Goasbua" Wally Engelsdorfer (geb. 1877)

Am 25. Juli 1927 feierte Wally Engelsdorfer nicht nur ihren 50. Geburtstag, sondern auch ihr dreißigjähriges Berufsjubiläum. Wally, genannt „Der Goasbua" oder auch „Magenbrot-Wally", war ein Münchner Urvieh. Sie gehörte zu den populärsten Erscheinungen Münchens und war „Ehrenbürger der Oktoberfestwiesn, Ehrenjungfer des Hofbräuhauses und Ehrendame sämtlicher Bierkeller". Mit zwanzig Jahren schon bot sie den Gästen in den Münchner Wirtschaften ihr selbstgemachtes Magenbrot an, das in Bezug auf Bekömmlichkeit Wunder gewirkt haben soll. Seit der gleichen Zeit war die Wally auf dem Oktoberfest. Das Magenbrot, das sie in Tüten verpackt in einem hölzernen Tragl bei sich trug, soll nach ihren eigenen Angaben den Haarwuchs und den Charakter gefördert und gegen kalte Füße, Konkurs, Kopfweh und Kater und andere Zeiterkrankungen vorbeugend gewirkt haben.

Die Wally war eine mittelgroße, gut gebaute Frau von derbem Schlag. Über ihrem dunklen Haar trug sie einen spitzen grünen Trachtenhut, der ihr den Namen „Goasbua" einbrachte. Ihr buntes Dirndlkleid mit einer weißen Spitzenschürze und dazu handgenähte Ledersandalen vervollständigten die „Münchner Phantasietracht", wie sie selbst ihre Bekleidung nannte.

Anläßlich ihrer Geburtstagsehrung im Wagnerbräu, zu der sie 180 Einladungen verschickt hatte, munkelte man in München, daß die Stadt Frau Engelsdorfer zur Ehrenbürgerin ernennen wollte. In einem amtlichen Schreiben heißt es dazu: „ . . . zumal ihre Tätigkeit in der Stadt der Dauerfeste und der ewigen Vergnügungen wesentlich dazu beigetragen hat, den Namen Münchens bis in die fernsten Zonen ruhmvoll hinauszutragen."

„Goasperl" Peter Geis (18. Jahrht.)

Im Hofbräuhaus verkehrte der Salzstößler Peter Geis, der vom Pech so verfolgt wurde, daß man noch lange vom „Glück vom Goasperl" sprach, wenn einer sein Lebtag lang ein rechter Tollpatsch blieb. Er wohnte im Kreuzviertel und lebte im 18. Jahrhundert.

Turnlehrer Karl Gulielmo (um 1890)

Vor dem ersten Weltkrieg machte der ehemalige Offizier und spätere Turnlehrer Karl Gulielmo von sich reden. Er gründete in den 90er Jahren eine Exerzierschule und stattete seine Schüler mit Uniformen aus. Aktive Unteroffiziere bildeten die jungen Leute zu „strammen Soldaten" heran. Zum Glück hatten die Rektoren der Münchner Mittelschulen wenig übrig für seine Spielereien und setzten ihm schwer zu.

Der „Gummimensch" Heinrich Haag (um 1928)

In den zwanziger Jahren gab es den Gummimenschen Heinrich Haag, der sich die Haut wie einen Schleier über die Nase ziehen und durch sie hindurch Zeitung lesen konnte. Er freute sich besonders, daß auch sein zweiter Bub, der erste war normal geraten, diese Begabung mitbekommen hatte. Auch er zeigte seine Kunst in den Wirtschaften.

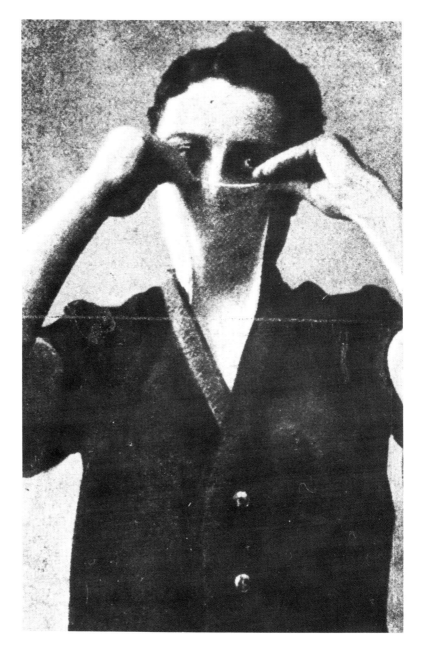

„Gummimensch" Haag

Der „erste Gymnasial-Rektor" (um 1800)

Im Treppenaufgang des Historischen Stadtmuseums hing früher das Konterfei des „1sten Gymnasial-Rektors". Er trug silberne Schnallenschuhe, einen großen weiten Schlapphut und wurde ständig von seinem Pudel, der sich durch Gescheitheit auszeichnete, begleitet.

Das „Hackbrettl" (um 1850)

Um die Mitte des vorigen Jahrhunderts musizierte das Hackbrettl mit seinem Instrument, das heute noch gespielt wird, in den Gaststätten. Er trug es an einem Riemen um den Bauch gebunden. Sein Aussehen hatte viel Ähnlichkeit mit dem Finessensepperl.

Franzl Hamberger (geb. 1921)

Der in Niederbayern geborene Franzl Hamberger (geb. 1.5.1921 in Wald, Landkreis Pfarrkirchen) ist seit seinem sechsten Lebensjahr in München und darf wohl als Münchner bezeichnet werden. Seinen eigenen Worten nach „hat mi der Spektakel rundum allwei scho interessiert!" Und er imitiert meisterhaft das Aufsteigen eines Flugzeuges, einen Eisenbahnzug, das Schmatzen einer Schweinefütterung und die Stimme „unseres" weiland vergangenen „Führers". Das Kreischen einer Kreissäge gelingt dem Franzl Hamberger so, daß sich seine Zuhörer entsetzt die Ohren zuhalten.

Er verdient sich sein Geld durch Zeitungsverkauf. Verwundert sehen sich die Gäste um, wenn sie plötzlich in einem Lokal Hühner gackern und Enten schnattern hören. Kauft jemand dem Franzl eine Zeitung ab, mustert er sie sofort kritisch, denn der Franzl hat sie soeben hörbar in der Mitte auseinandergerissen. Aber eben nur hörbar. Das liebenswerte Original Franzl Hamberger ist ein sympathischer Vertreter jenes München, das man gerne ein gemütliches nennt.

„Das Haarpuderwaberl" (um 1700)

Unter den vom Kurfürsten Max Emanuel, 1679–1726, nach München gebrachten gefangenen Türken befand sich auch ein junger hübscher Bursche, den die Türken als Kriegsbeute mitgenommen hatten. Bei der Erstürmung Belgrads, am 6. September 1688, ging das Haus des israelitischen Kaufmanns, zu dem er anschließend gekommen war, in Flammen auf. Das Bürschlein schloß sich einem Trupp türkischer Soldaten an, wurde mit ihnen gefangen und kam so nach München. In unverfälschtem niederösterreichischen Dialekt versicherte er, er sei kein Türk, seine Eltern wären Marketender gewesen und in einem Gefecht mit den Kaiserlichen erschlagen worden. Er kannte nur seinen Vornamen „Joachim", den man ihm aber in „Jachim" abgekürzt hatte. In München nahm sich nun die Behörde seiner an und gab ihm den Perückenmacher im Haus Nr. 8 am Petersbergl zum Vormund. Das war ihm gar nicht so unrecht, hatte er doch bei seinem früheren Herrn in Belgrad die Herstellung von allerlei kosmetischen Mitteln gelernt, denn dieser hatte bei den vornehmen Belgrader Frauen damit einen schwunghaften Handel getrieben.

Im Laufe der Jahre hatte der Jachim seine Meisterin so weit überzeugt, daß der Verkauf von Parfümerien mehr einbringe, als die Perückenmacherei. Außerdem gefiel ihm, nachdem er auch älter geworden, die Mamsell Waberl, die achtzehnjährige Tochter des Meisters. Eines Tages fragte er sie kurzweg, ob sie seine Frau werden wolle, er gedenke auch mit einem Seifensieder zusammen ein Parfümeriegeschäft zu gründen. Waberl war sofort einverstanden, doch die Mutter entschied: nur dann, wenn der Jachim bei ihnen bleibe.

Jachim sagte zu, der Meister war freilich nicht so ganz damit einverstanden, seine Tochter könne einen kurfürstlichen Lakei haben und brauche nicht einen „Dahergelaufenen". Dagegen spielte Jachim einen Trumpf aus. Er fabrizierte einen rosa Gesichts- und einen weißen Haarpuder, so fein, wie ihn selbst die Pariser nicht herstellen konnten. Die Käufer stürmten förmlich den kleinen Laden. Und als die zierliche junge Perückenmacherin im Laden stand und die Kunden bediente, da nannte man sie im Handumdrehen „'s Haarpuderwaberl".

Später wurde das Geschäft aufgegeben und im gleichen Haus ein öffentlicher Kaffeeausschank aufgemacht, man nannte ihn „Zum Haarpuderwaberl". Bis zum Jahre 1875 behielt das Lokal diesen Namen bei. Am 28. September 1875 kauften die Altmetzgerehegatten Ludwig und Anna Neumayr das Haus um 160 000 Gulden und führten das Kaffee unter ihrem Namen, den es noch heute trägt, weiter. Es ist das Haus Nr. 14 am Viktualienmarkt.

Der „Heiliggeist-Sepperl" (um 1848)

Vom Heiliggeist-Sepperl, dem Urviech, ist nur wenig bekannt. Besonders bei den Frauen war er sehr beliebt, weil er ihnen gute Lotterienummern voraussagte. Sonst hatte er einen Buckel und war immer im Heiliggeist-Gass'l zu finden. Bei der Bierrevolution 1848 im Tal war er dabei und bekam für sein Fenstereinwerfen 14 Tage Arrest.

Der „g'schiagelte Hermann" (um 1890)

Mit dem Münchner Oktoberfest untrennbar verbunden ist für jeden Wiesenbesucher der Name Schottenhamel. Schottenhamel, der in den achtziger Jahren das erste Wiesenzelt und die erste elektrische Beleuchtung als Privatunternehmen einführte, wußte noch vom „g'schiagelten Hermann" zu erzählen, einem Wiesen-Original, das zur Belustigung der Jugend einen eigenen Maibaum aufstellte und einen kleinen Affen auf der Schulter herumtrug.

Der „Herrenreiter" Halmanseder (um 1950)

Die kundigen Besucher des Münchner Oktoberfestes versäumten nie, das Hippodrom aufzusuchen. Sie taten dies weniger, um sich im Hippodrom als kühne Reiter zu bewähren, sondern um sich vor diesem einzufinden. Hier erwartete den Stehgast eine einmalige Darbietung. Ein distinguierter, vornehmer Herr in Reitdreß — roter Frack, weiße Weste und Hose, blütenweiße Handschuhe, blitzblanke Reitstiefel und Zylinder — stand am Eingang des Hippodroms und lud mit äußerst dezenten Gebärden ein, das Hippodrom zu besuchen. In der Hand dirigierte er mit einer silberbeschlagenen Reitpeitsche sein imaginäres Pferd, zügelte es gekonnt, man sah es seinen wippenden Gebärden direkt an, wie das Tier tänzelte und von seinem Reiter beherrscht wurde. Aber der Herrenreiter bot noch mehr: Er legte den behandschuhten Finger auf den Mund — und jeder wußte, daß es im Inneren des Reitsaales auch sehr intime Dinge zu sehen gab. Mit äußerstem Charme deutete er an, daß Damen hoch zu Roß gar liebliche Anblicke boten. Mit verhaltenen Gebärden schilderte er weibliche Reize von Kopf bis Fuß. Dies alles bot er als Pantomime, die nur dann und wann mit den einladenden Worten unterbrochen wurde wie „Kassa links und Kassa rechts!"

Der „Herrenreiter" Halmanseder

Kurz — der Rekommandeur des Hippodroms war ein vollendeter Kavalier der alten Schule — sozusagen — hoch zu Roß. Niemand hätte in ihm einen Gepäckträger vermutet, der am Hauptbahnhof sein tägliches Brot verdiente und seinen alljährlichen Urlaub in der Zeit nahm, wo er vor dem Hippodrom seine einmalige Schau bot.

Der schöne Hugo
Portier des 1. Münchner Kinos

Der „Klingelbeutel" von St. Peter

Der „ewige Hochzeiter" (gest. 1846)

Im Jahre 1846 verstarb ein Wahrzeichen Münchens — ein Pfründner des Spitals zum Heiligen Johannes —, ein alter Kerl mit triefenden Augen, weit geschlitztem Mund und tief herabhängender, stets „salbadernder" Unterlippe, wie man früher in München zu sagen pflegte. Seine Wirbelsäule war stark gekrümmt und merklich auf die rechte Seite verschoben. Er war von mittlerer Größe, stets sauber, aber altmodisch gekleidet, mit glattrasiertem Gesicht und hatte jahraus, jahrein einen blühenden Blumenstrauß im Knopfloch und an seinem Zylinder. Der stille harmlose Alte war in jedes junge Mädchen, das ihm begegnete, verliebt und beging es die Dummheit, ihn auf seine Kußhand anzulächeln, dann brachte es ihn nicht mehr los. Er verfolgte die Arme bis an das Haus, ja an die Zimmertüre und überhäufte sie mit Liebes- und Heiratsanträgen. Der ewige Hochzeiter soll schon von Jugend auf nicht normal gewesen sein. Ursprünglich war er Säckler von Beruf, verlor aber, wie es in einer alten Schrift heißt, im Laufe der Zeit neben seinem Verstand auch das Vermögen. Einst verliebte er sich in ein Mädchen, das aber am Tage vor der Hochzeit in ihre Heimat fuhr und ihn schmählich im Stiche ließ. Von da an soll er sein Hochzeitsgewand, einen hellblauen Frack mit goldenen Knöpfen, nicht mehr ausgezogen haben. So kam es, daß er die Leute mit den Worten anredete: „Ham's mei Nanni net g'sehn, morgen is unser Hochzeit!"

Not soll der ewige Hochzeiter keine gelitten haben. So gut er seine Plätze am Obst- und Krautmarkt wußte, wo er sich die frischen Blumensträuße verschaffte, so gut wußte er, wo er mittags und abends unentgeltlich speisen konnte. An gutmütigen Köchinnen fehlte es damals nicht, so lebte der ewige Hochzeiter sorglos bis an sein Ende.

Der „Hofbräuhaus-Lenbach" Xaver Mandlinger (1968—1945)

Ein paar Tage lang stand der Xaver Mandlinger im Oktober 1933 im Mittelpunkt mitleidigen Interesses: Dem Alten waren 1100 Mark geraubt worden! Man wollte das anfänglich gar nicht so recht glauben, weil der Hofbräuhaus-Lenbach, der tagtäglich im Hofbräuhaus zu finden war, seit einem Menschenalter ausschließlich von den Speiseresten der Gäste lebte. So kannten ihn Fremde und Münchner. Kläglich machte er die Lehre von den Bazillen zuschanden: er schwor darauf, daß nur der Genuß abgekauter Kalbshaxen und Wursthäute gesund und stark erhalte.
(Der größte Teil des geraubten Geldes ist dann glücklicherweise wieder beigebracht worden.)

Er war schon ein Sonderling ganz eigener Art. Nur schwerlich erfuhr man von seinem Leben. Hätte nicht seine Haushälterin, die ihn seit dem Tode seiner Mutter, im Jahre 1923, betreute, einiges von ihm erzählt, so wäre er wahrscheinlich für immer ein unbeschriebenes Blatt geblieben. Die Frau kannte noch seine Mutter, und aus ihren Erzählungen fällt ein romantischer Schimmer auf das Leben Mandlingers.

Im Jahre 1868 geboren, besuchte er das Gymnasium und wandte sich dann der Malerei zu. Um die Jahrhundertwende unternahm er mit Kollegen eine Studienreise nach Italien, hauptsächlich nach Rom. Sein Zimmerkamerad erwies sich als höchst unkameradschaftlich, als Mandlinger eines Morgens aufstand, war die Reisekasse, die sein ganzes Bargeld enthielt, verschwunden. Die kommenden Wochen wurden sehr sauer für ihn. Mandlinger mußte sich elend herumschlagen, um nur etwas Geld für seinen Lebensunterhalt zu verdienen. Er wollte es seiner Braut nicht anmerken lassen, sie war adelig, er sprach einmal sogar von einer Prinzessin. Mandlinger erkrankte schwer, der Arzt stellte Hungertyphus fest. Als er genesen war, verließ ihn seine Braut. Seelisch vollkommen gebrochen über diese Enttäuschung kehrte er nach

München zurück. Von da an soll er nicht mehr der Mandlinger gewesen sein, der Deutschland verlassen hatte. Sein ganzes Wesen hatte sich geändert. Die Lust zum Studium war genommen, Mandlingers Streben war zu Ende. Immer mehr wurde er zum Sonderling. Sogar die Polizei mußte sich um ihn kümmern, er wäre im Schmutz umgekommen.

Zur gleichen Zeit kam Mandlinger ins Hofbräuhaus und begann seine Laufbahn als „Hausporträtist". Seine Zeichnungen und Skizzen, mit denen er sich immer ein paar Mark verdiente, waren nicht unbegabt. Vor allem gab er sich wirklich Mühe dabei, er wollte die Kundschaft gut bedienen, das Geschäftliche war dabei nicht vorherrschend. In dieser Hinsicht war er überhaupt sehr naiv. Als man ihn damals überfallen hatte, dachte er zuerst an die Bezahlung seiner Miete und glaubte einfach nicht daran, daß er nun sein schwarzes Wachstuchmäppchen nicht mehr mit so viel Geld herumtragen sollte.

In der Nacht zum 22. Oktober 1939 wurde der Hofbräuhaus-Lenbach auf dem Heimweg vom Hofbräuhaus zur Hans-Sachs-Straße, seiner zweiten Wohnung in München, von einem Auto angefahren und schwer verletzt. Doch sollte er den großen Krieg noch ganz miterleben. Am 4. April 1945 verschied der „77jährige Zeichner Franz Mandlinger" — so steht es in den Büchern des Bestattungsamtes — in seiner Wohnung in der Rumfordstraße 8 im zweiten Stock. Seine Feuerbestattung fand erst eine Woche später, am 10. April, statt.

Als das Hofbräuhaus den Bomben zum Opfer fiel, äußerte Mandlinger: „Jetzt, wo s' mir mei Existenz g'nomma hab'n, hab i nix mehr verlorn auf dera Welt, i ko do net mit mei'm Alter in an andern Lokal mehr anfanga!"

„Hofnarr Prangerl" (gest. 1820)

Mit dem letzten kurbayerischen Hofnarren Georg Pranger beginnt eigentlich die Reihe biedermeierlicher Münchner Käuze. Der Stammbaum der Hofnarren ist schon sehr alt, da bereits zu den Zeiten der Kreuzzüge die Sitte, Hofnarren zu halten, zu uns nach Europa kam. Sie erschienen anfangs als mißgestaltete Zwerge, über die man sich lustig machte und deren spitzige Antworten man mit Lachen aufnahm. Die Narren erhielten bald eine eigene Tracht, bei welcher sich besonders die runde, einem Turban gleichende Mütze, die Narrenkappe, auszeichnete. Im 15. Jahrhundert fügte man ihr Eselsohren bei und einen Hahnenkamm und endlich besetzte man den Wamms und die Schuhe, später das ganze Gewand, mit Schellen.

Prangerl, wie man ihn lieber nannte, wohl das übermütigste aller Originale, lebte zur Zeit des Kurfürsten Max Joseph, der am 12. März 1799 in München, nach dem Tode Karl Theodors, seinen Einzug hielt. Von Prangerls Lebensgeschichte ist nur wenig überliefert, zahlreicher dagegen sind seine Streiche und Späße beschrieben. Er wird vielfach als ein kleines, lebendiges Männchen mit glattrasiertem, fettem Gesicht dargestellt. Meist trug er eine weiße Reithose und dazu einen grauen Frack mit Zylinder „aus dem gleichen Tuche". In diesem Aufzug sah man ihn auf einem Pony, manchmal war's auch ein Esel, durch die Stadt reiten. Im „Räsonnierhäusl", bei der Theatinerkirche, in das man nur mit zwei Stammgästen als Bürgen eingelassen wurde, hatte sich der Hofnarr manchen Streich ausgedacht. Seine Kunst im Violinspielen reichte so weit, daß er Hofmusikus und Mitglied des Hoforchesters wurde.

Der erste Bayernkönig, der lebensfrohe „Vater Max", freute sich über alle Maßen, wenn sein Prangerl den einen oder anderen hereingelegt hatte. Sein Witz war meist harmloser Natur, nur manchmal trieb er es so arg, daß die erzürnte „feine Gesellschaft" Bestrafung forderte, es kam jedoch nie so weit. Nur einmal soll er einen Tag gesessen haben, als er die Galakleidung eines französischen Geigenkünstlers gestohlen, ihn selbst in sein Zimmer eingesperrt und dann in der Kleidung des Franzosen, im dichtgefüllten Weißen Saal der Residenz vor den Spitzen der Gesellschaft, ein Konzert gab. Niemand merkte, daß es der Prangerl war. Als zur Freude der ganzen Stadt die Tat des Hofnarren aufkam, hatte der Franzose, noch ehe ihm das Bedauern über diesen Vorfall ausgesprochen werden konnte, München verlassen.

Wohl den stärksten aller Witze hatte sich Prangerl an der Königin Karoline, der zweiten Gemahlin Max I., erlaubt. Als sie nämlich den Prangerl fragte: „Wie kommt's denn, daß die Leut so gar schnell in Streit geraten?" antwortete er: „Rotborstete Sau, des is ganz leicht!" — „Was, impertinenter Kerl, Du erlaubst Dir solche Ausdrücke gegen meine Person?" Da verbeugte sich der pfiffige Prangerl lächelnd und sagte: „Nun, schauen S', i wollt Ew. Durchlaucht nur zeigen, wia ma si glei z'kriegn kann!"

Das Stück mit den Milchweibern, das weiland Till Eulenspiegel erfand, als dessen bayerischen Nachfolger man Prangerl gut bezeichnen kann, versuchte auch er mit Erfolg auf dem heutigen Promenadeplatz. Er ließ zehn „Milliweiber" zusammenkommen und sagte ihnen: „Schütt's nur all enkre Milli in den großen Kübel da hinein, i kim glei und hol's Geld!" Prangerl kam natürlich nicht mehr und die Frauen gerieten

miteinander in solchen Streit, daß, wie die Polizeiakten berichten, „die Haare nur so herumflogen, da eine jede mehr Milch sich herausnehmen wollte, als sie in den Kübel geschüttet hatte".

Auf dem Schrannenplatz, dem heutigen Marienplatz, erschien Prangerl einst am hellichten Tag mit einer brennenden Laterne und tat, als suchte er etwas. Als man ihn fragte, ob er was verloren habe, antwortete er: „Mein Verstand, hat 'n niemand gefunden?" „Ihren Verstand?" – „Ja, aus lauter Lieb zu meiner Frau, sie is scho 60 Jahr alt und wird alle Tag schöner."

Bekannt war seine Redensart, mit der er auf der Straße an den Nächstbesten herantrat: „Gel'n S', entschuldigen S', daß i net mit Ihra Leich ganga bin." – „Mit meiner Leich? Sie sehen doch, daß ich leb!" – „Sind S' froh, daß no leb'n, schaun S', daß hundert Jahr alt werden!"

Die Gunst des guten Bayernkönigs und die seiner Landsleute, die ihn im Laufe der Jahre liebgewonnen hatten, blieb dem Altmünchner Eulenspiegel immer treu. Bei seinem Tode, das „Neue Münchener Tagblatt" aus dieser Zeit schreibt, daß Georg Prangerl am 4. November 1820 gestorben ist, wurde er aus ehrlichem Herzen allgemein betrauert. Sein Andenken lebt fort in einer stattlichen Anzahl von Anekdoten, von denen hier nur einige wenige zur Illustration seines Wesens gebracht werden konnten.

Die „Italiener-Marie" Marie Albert (1860—1937)

Bis 1937 gehörte die Marie Albert zum Inventar unseres Hauptbahnhofs. Sie war 1860 in Trient in Südtirol geboren, lebte aber ein halbes Jahrhundert in ihrer Wahlheimat München. Mit dem Bahnhof war die Marie so verwachsen wie kaum eine andere Person. Täglich zwischen neun Uhr vormittags und drei Uhr nachmittags konnte man sie dort sehen. Sie hausierte mit Gebrauchsgegenständen, Nippsachen und Süßigkeiten.

Rastlos und unermüdlich war das alte Weiberl. Sie selbst sagte wenige Jahre vor ihrem Tod: „Ich hab keine Zeit zum Kranksein, ich bin ja auch ganz allein und will niemand zur Last fallen. Und wenn's einmal soweit ist mit mir, dann soll's schnell gehen!" Früher einmal war es ihr besser gegangen, da konnte sie sich noch jeden Tag einen Schoppen Tiroler Rotwein leisten, wie es in ihrer Heimat üblich ist, doch in ihren alten Tagen mußte sie sich schwer durchschlagen. „Heut reicht's kaum mehr zu einem Schoppen Bier und a Stückerl Brot, höchstens noch ein Teller Supp'n dazu."

Die Italiener-Marie war allen im Bahnhof beschäftigten Beamten, ja sogar der Polizei wohlbekannt. Nur zu oft mußte sie mit ihrem Italienisch aushelfen, wenn gerade kein Dolmetscher in der Nähe war. Und sie tat es gern und war stolz darauf, wenn man sie recht oft dazu holte. Schließlich sprangen auch immer ein paar Markeln heraus, die ihr cosi rari waren. Es war auch kein Wunder, wenn sie die italienischen Reisenden gleich als Landsmännin erkannten. Die Marie war pechschwarz und von einem seltenen Temperament. Im Jahre 1932, im Frühjahr, kam einmal eine italienische Prinzessin in Begleitung im Hauptbahnhof an. Beide sprachen so wenig deutsch und die Schalterbeamten so wenig italienisch, daß die Weiterreise gefährdet war. In höchster Not wandte man sich an die Marie, die erst mit einem Aufgebot der Polizei gesucht werden mußte. Daß die Prinzessin erstaunt war, als man das alte Weiberl als Münchner Bahnhofs-Dolmetscherin herbeibrachte, kann man sich leicht ausdenken!

Die Italiener-Marie, die auch ihre Wohnung gleich beim Bahnhof hatte, in der Martin-Greif-Straße 4, segnete am 11. Februar 1937 im Alter von 77 Jahren das Zeitliche. Im Waldfriedhof wurde sie in aller Stille am 13. Februar zur letzten Ruhe getragen.

Der „Juhu-Sepp" Josef Query (um 1950)

Eine heute noch bekannte Persönlichkeit war der Juhu-Sepp. Mit bürgerlichem Namen hieß er Josef Query und wohnte in Freimann. Wie er zu Georg Query verwandt war, wußte er selbst nicht genau. In Freimann nannte man ihn Juhu-Sepp, weil er überall, ganz gleich, ob er sich in der Straßenbahn oder sonst wo befand, sang und jodelte. Als äußerliches Kennzeichen trug er Hüte, die mit allen möglichen Dingen wie Federn, Abzeichen, Papierblumen und bunten Bändern versehen waren. Er war sehr musikalisch und hatte besonders für Liedertexte ein ungewöhnlich gutes Gedächtnis. Er hatte manche Maß Bier in Wetten gewonnen, bei denen es darum ging, 200 Lieder, Märsche und G'stanzln zu singen. Die alten Operettentexte kannte er so ziemlich alle auswendig. Von sich selber sagte er, daß er der „einzig Ung'schtudierte von allen Querys" war.

Er lebte von einer kleinen Pension der Bahn. Wann er gestorben ist, ist nicht mehr festzustellen.

Sulzbeck.

Der „Kapellmeister Sulzbeck" und sein "Canapé" (geb. 1767)

Aus dem Hofbräuhaus in München tönte in den dreißiger und vierziger Jahren des vorigen Jahrhunderts immer wieder der Landler „Huraxdax, packs bei der Hax" und schepperte fröhlich das Krugdeckel-Klapplied. Seit dem Jahr 1833 war nämlich das Hofbräuhaus in München dem allgemeinen Besuch geöffnet. Bald erfreute es sich großer Beliebtheit, besonders zur Maibockzeit. Weil man aber zum Maibock auch eine zünftige Musi schätzte, war hier der rechte Ort für ein echtes Münchner Original. Dieses Original hieß Josef Sulzbeck und nannte sich Kapellmeister. Seine Kapelle

bestand, neben ihm selber, aus dem Sänger und Violinspieler Huber, der aus heute nicht mehr feststellbaren Gründen das „Canapé" genannt wurde, aus dem Flötisten Straubinger und dem Harfenzupfer Bacherl. Dieses Quartett kann man als erste Münchner Volkssängergruppe bezeichnen. Wien hatte zwar damals schon solche Gruppen, ihr Einfluß in München machte sich jedoch erst später bemerkbar. Ein Programm im eigentlichen Sinn hatte die Sulzbeckgruppe nicht. Die Mitglieder spielten und sangen, gewissermaßen als Bänkelsänger, was der Tag und die Stunde ihnen eingaben. Sie zogen jedoch nicht von Lokal zu Lokal, sondern hatten jeweils ihren festen Stand.

Volkssänger Huber.
genannt « das Kanapee »

Sulzbeck wurde 1767 in München geboren und hatte, soweit man seinen eigenen Erzählungen glauben darf, eine schwere Jugendzeit. Wie er zum Volkssänger wurde weiß man heute nicht mehr. Schon 1805 musizierte er als Trompetenspieler im „Räsonnierhäusl", einer Wirtschaft im damaligen Schwabingertor, also in der Nähe der heutigen Feldherrnhalle. Diese Wirtschaft durften nur Männer besuchen. Sulzbeck war 1810 bereits „Kapellmeister" und spielte mit seinen drei Musikern. Sein Leibinstrument war nun eine dreisaitige Baßgeige, die er virtuos spielte. Wie sehr sich die Volkssänger jeweils den Zeitgeschehnissen anzupassen verstanden, zeigt sein späteres Bravourstück auf der Baßgeige, „Die Schlacht bei Waterloo". Er spielte es allein mit allen urwüchsigen Einlagen und stellte die Schlacht mit solcher Lebendigkeit dar, daß alle Zuhörer immer wieder begeistert waren und ihren Beifall auch beim Sammeln durch reichliche Trinkgeldspenden ausdrückten.

Sulzbecks Bande.

Neben seiner Baßgeige hatte Sulzbeck selbst einen gewaltigen Bierbaß. Daß dazu ein ansehnlicher Bauch gehörte, verstand sich von selbst. Kostümiert war Sulzbeck mit einem langen Rock, einer roten Weste und einer Art Zipfelmütze mit herabhängender Quaste.

Er war auch sonst ein lustiger Kauz. Immer wieder erzählte er den staunenden Zuhörern von seiner Audienz beim Kaiser Napoleon, wobei ihm dieser den Kapellmeisterposten in seiner Hofkapelle angetragen habe. Als aber dann Sulzbeck den Kaiser fragte, ob es denn in Paris auch ein Hofbräuhaus gäbe und der Kaiser verneinte, habe Sulzbeck gesagt, da müsse er leider ablehnen, denn ohne Hofbräuhaus könne er nicht leben. Natürlich war die ganze Geschichte frei erfunden; der einzige wahre Kern in ihr war, daß Sulzbeck das Bier außerordentlich liebte und ohne Beschwerden einen halben Eimer — das sind immerhin 30 Maß — vertragen konnte. Daß das Bier eine so „brillantene" Farbe habe, käme, so erzählte er ebenfalls, davon her, daß sein Brillantring in die Sudpfanne des Hofbräuhauses gefallen sei.

Lustig, wie er gelebt, ist er in den vierziger Jahren des vorigen Jahrhunderts gestorben. Mit dem Landler „Huraxdax, packs bei der Hax" — der Spruch ist heute noch lebendig — soll er sich auch von der Bühne des Lebens verabschiedet haben. — Tragischer endete der Violinspieler Huber — das „Canapé". Er ertrank beim Einsturz der Isarbrücke im Jahr 1813.

„Kapitän Hodges" Frederik Hodges (1831—1904)

Unter dem Namen „Kapitän" allgemein bekannt, war der Rentier Frederik Hodges in den achtziger und neunziger Jahren die markanteste Figur im Straßenbild Münchens. Er war der Sohn eines Brennereibesitzers in London und hatte schon im jugendlichen Alter die bayerische Hauptstadt kennengelernt, als ihn sein Vater 1846, im Alter von 15 Jahren, zum Studium nach München schickte. Im Revolutionsjahr 1848 mußte Hodges, sehr gegen seinen Willen, in seine Heimat zurück. Als 1851 der alte Hodges plötzlich verstarb, übernahm der junge die riesige Fabrik in Lambeth, im Süden Londons. Am gleichen Tage geriet in der Nachbarschaft eine große Stearinfabrik in Brand. Die vorhandenen Löschmittel erwiesen sich als völlig unzulänglich, die hundertzwanzig Mann starke Londoner Feuerwehr kam zu spät, so daß von dem Werk nichts mehr zu retten war. Damals reifte in Hodges der Plan, Organisation und Ausrüstung der Feuerwehr, schon wegen seines eigenen sehr gefährdeten Betriebes, völlig neu, nach modernsten Gesichtspunkten durchzuführen. Der erste Schritt dazu war die Anschaffung einer großen Feuerspritze und die Ausbildung der dazugehörenden Mannschaften. Dann aber ging er auf „Studienreisen" in alle größeren Städte. So nach Paris, Wien und zuletzt nach München, wo ihm die damalige Feuerwehr am meisten von allen bisher gesehenen imponierte und er etwas davon zu lernen glaubte. Nach Münchner Vorbild stellte er eine Fabrikfeuerwehr auf, die ihn 8 000 Pfund Sterling, das waren damals 160 000 Mark, kostete. Seine neue Organisation sollte sich bald bewähren, als er selbst mit ihr einen sehr gefährlichen Brandherd an der Themse wirkungsvoll bekämpfte und öffentliche Anerkennungen erhielt. Hodges bekam eine neue Dampfspritze und 500 Pfund Sterling zum Geschenk. Die größte Ehrung aber wurde ihm durch die Verleihung des Titels „Kapitän" durch die freiwilligen Schützen der „Six foot guards" zuteil. Daher also kam der Name Kapitän Hodges.

Aus nicht feststellbaren Gründen verwandelte der sehr reiche Mann — er besaß außer seiner Fabrik ein Schloß an der Themse, mit allem Prunk ausgestattet — seinen Besitz in Aktien und reiste mit seiner Frau Elise, einer Tochter des königlichen Leibarztes, nach München. Hier machte er sich mit seinem damals schier unerschöpflichen Vermögen schöne Tage. Wenn sich die beiden Engländer auch in der Ehe nicht recht verstanden, einig waren sie sich aber in der maßlosen Verschwendungssucht. Nach dem Tod seiner Frau, Hodges hatte sie wirklich gern gehabt, stürzte er sich ins Vergnügen. Er sagte oft: „Ich bin im Golde geboren und muß dafür sorgen, daß es unter die Leute kommt!"

Der Kapitän war ein Hüne von Gestalt. Über zwei Meter groß, mit einem richtigen Münchner Bierbauch, hatte furchtbar große Hände und noch viel längere Stiefel. Seinen mächtigen Kopf, mit nur spärlichem Haar, zierten breite Koteletten, die am Kinn zu einem Vollbart übergingen. Die Spitzen des Schnurrbarts waren stets sorgfältig hochgedreht. Mit Vorliebe trug er auffallend karierte Anzüge und an seiner Weste klingelten an einer dicken Uhrkette fast handtellergroße Silbermünzen und Anhängsel. Auch die Perlmutt-Manschettenknöpfe hatten Dimensionen wie Fünfmarkstücke. Was ihn noch auffallender machte, waren seine Spazierstöcke von ungeheuren Ausmaßen. Mit den Stöcken hatte er in München Mode gemacht. Außergewöhnlich große Stöcke pflegte man in den Geschäften als „Hodgesstöcke" zu bezeichnen. Seine Stöcke wären übrigens museumsreif gewesen. Die Sammlung zählte rund 50 Stück und war aus dem verschiedensten Material, vom Bambus, bis zum reinen Silber, mit eingebauter laufender Maus oder einem Mohrenkopf, der auf Wunsch die Zunge herausstreckte.

Sein mächtiger Körper verlangte natürlich die entsprechende Nahrung. Meist aß er drei bis vier normale Portionen, die im gastfreundlichen München zu damaliger Zeit bestimmt nicht mit den heutigen zu vergleichen sind. Mit Vorliebe trank er Vollbier und wenn er beim Maibock oder Salvator erschien, sagte er schon vorher: „Heute ich sein geeicht auf zwölf Glas", er ging aber auch nicht, bevor er diese Menge nicht in sich aufgenommen hatte.

Seine lustigen Streiche machten ihn noch populärer, als er schon war. Im Fasching soll er einmal mit einer Spritze mit Kölnisch Wasser aufgefallen sein. Ein andermal ließ er sich im Zweispänner nach Mannheim fahren, Bekannte hatten ihn zum Besuch geladen. Der Fasching hatte es ihm überhaupt angetan, wenn er nicht gerade in London war „to catch money" (Geld zu holen). Bei einem Faschingszug mietete er sich von der Polizei den gelben Zeiserlwagen, setzte sich aufs Dach und machte mit einer Flöte „Zeiserlmusik".

Als er neben seinem Geld auch noch drei ansehnliche Erbschaften verbraucht hatte, setzten ihm die Verwandten eine Rente ein, die ihn zwang, sich einzuschränken. Hodges' Gesundheit hielt aber länger als sein Vermögen. Nach einem schweren Leidensjahr verschied er, fast fünfundsiebzigjährig, am Heiligen Abend 1904, nach einem Leben, das er in vollen Zügen genossen hatte.

Die „Katzenmarie" Maria Inneberger (1894—1930)

Maria Inneberger war ihr eigentlicher Name. Ihre Lieblinge waren die Katzen, mit denen sie in Thalkirchen in einem Hinterhaus ein ärmliches Stübchen bewohnte. Ihre ganze Lebenssorge galt diesen Tieren. Für sie war sie Tag und Nacht unterwegs auf der Straße, um jedes Stückchen Papier und war es noch so klein, zu sammeln, um es nach Größe und Art gefaltet, in ihrem Korb unterzubringen. Dieser Korb, den sie stets bei sich trug, barg offenbar ihre ganze Habe. Der Verkauf des Papiers und der Heideblumen brachten ihr schlechthin so viel ein, daß sie mit ihren Kätzchen ein anspruchsloses Leben führen konnte. Am frühen Morgen sah man sie, wie sie ihre Katzen ausführte. An einer langen Schnur band sie die kleinen Ausreißer, die mit blauen oder rosaroten Halsbändern geziert waren, fest. Hatte sie nur eine Katze dabei, dann führte sie sie selbst, waren es aber zwei, dann mußten sie sich, aneinandergebunden, selbst führen.

Schenkte man ihr Geld, damit sie sich Fleisch kaufen konnte, dann tat sie es, frug man sie aber, warum sie denn das Fleisch nicht selbst äße, so konnte man immer wieder hören, daß es die Katzen doch notwendiger hätten.

Seit vielen Jahren bot sie im Waldfriedhof Blumen feil. Dabei sang sie mit einer recht gut erhaltenen Altstimme Volkslieder. Das Singen konnte sie nicht lassen, selbst in der Straßenbahn erfreute sie die Gäste mit einem Liedchen, die Schaffner kannten und duldeten die harmlose Alte.

Im Winter 1929/30 sah man die Marie, die sonst mit ihrem wettergebräunten Gesicht Wind und Regen trotzte, nur mehr wenig. Sie kränkelte. Gute Menschen brachten ihr Essen. An ihrem letzten Lebensabend jedoch ließ sie eine stille Wohltäterin nicht mehr in ihr Zimmer. Mit leiser Stimme bat sie, man möge sie heute nicht mehr besuchen. Wenige Stunden später, am 4. Februar 1930, schloß die 66jährige die Augen und nahm Abschied von ihren Lieblingen, die ihr das Leben oft so schwer gemacht hatten. Nur wenige folgten ihrem Leichenzug, der sie ein letztes Mal an dem Platz vorbeiführte, an welchem sie viele Jahre Blumen für die Toten verkaufte.

„Professor Keil" (um 1860)

Der kleine seltsame Mann war, wie er selbst erzählte, eine Größe in der Physik, ein rastloser Magnetverstärker und, das stellte sich in der Unterhaltung bald heraus, ein mächtiger Aufschneider. Sein Stammlokal, das Café Tambosi, stand an der Stelle des heutigen Annast. Dort war er täglich am Billardtisch zu finden. Keil spielte zwar nur mittelmäßig, doch verstand er es, die Uneingeweihten von seinem großen Können zu überzeugen. Er sprang um den Tisch, suchte minutenlang günstige Positionen und warf dann verächtlich den Stock auf das grüne Tuch, um noch verächtlicher stets mit einem Hunderter zu bezahlen. Die ihn kannten, wußten es, daß er sich diesen Geldschein alle paar Tage wieder wechseln ließ, um immer wieder damit bezahlen zu können. Das kümmerte aber den Herrn Professor Keil wenig, die Hauptsache war ihm, jedesmal einen Fremden zu finden, den er durch dieses Manöver in Staunen versetzen konnte.

Wurzelsepp.   Der Herr Professor.

Der „Wurzelsepp" und der Herr „Professor"

„Papa Kern" (gest. 1911)

Die alte, „richtige" Münchner Frühschoppenzeit ist entschwunden, wie so vieles andere. Man kann nicht mehr vormittags zu Papa Kern – nachmittags zu Papa Geis – und abends zu Welsch gehen . . .

Unvergeßlich aber bleiben die Bockbier-Frühschoppen bei Papa Kern in seiner „Unterwelt" bei der Frauenkirche.

> „A echter Münchner – der geht gern
> Ins „Metropol" zu Papa Kern,
> Dort singt er G'stanzeln voller Freud' –
> Herrgott, dö Münchner, dös san Leut!"

Ja – war das eine Gaudi! Tagtäglich von 10–1 Uhr: Prima Bock (Halbe 20 Pfg.!), vorzügliche, billige Küche – und dazu Konzert, Solovorträge und Chor, Theater, Kino, Maskerade, Zauberei usw., alles bei freiem Eintritt und beliebiger Selbstmitwirkung unter der Direktion von Papa Kern. Untersetzt, breit, lebendig und beweglich, scharfer Blick der leuchtenden Augen, ringgeschmückte Hände, knallrote Krawatte, „Schmachtlocken", geschniegelt und gebügelt, und ein täglich frisch hergerichteter – Bubikopf! Ja – eitel war Papa Kern schon, aber nicht stolz. Zu jener Zeit galt er als vermögend, soll aber später in ärmlichen Verhältnissen gestorben sein!

Punkt 10 Uhr wurde die Gaudi eröffnet mit dem Willkommlied: „Grüaß Enk Gott, alle miteinander!", begleitet von Zaskas Hauskapelle, mit dem „Goliath" Mayer als Baßgeiger und der – nach Papa Kern – „saufen konnte wie zwei Löcher!"

Rasch und bunt ging die Liederfolge weiter: „An der böhmischen Grenz hat's an Fuhrmann verwaht, duliö... 's g'schiacht 'm ganz recht, warum fahrt 'r so stad – duliö!" Oder: „Die Musi kimmt" – „Wie mei' Ahndl" – „Weaner Fiakerlied" – „Edelweiß", und „Tegernseerlied", selbstverständlich auch der „Alte Peter" usw. Gegen 50 Nummern umfaßte das Bockliederheft. Nach jedem Vortrag gab es natürlich großen Beifall. In den kurzen Pausen trank Papa Kern aus seinem Steinkrug „Schorlemorle".

„Zaska – ich hab' a Idee!" – „Ja, wir hab'n a Idee, was is los?" „Woll'n wir amal die Düppler Schanzen stürmen!" „Ja, wir wollen sie stürmen!" Der bekannte Marsch... Pappa Kern schwingt zwei Fahnen, alles singt mit... zum Schluß das Stürmen: Füßetrampeln, Händetrommeln auf Tischen, allgemeines, ohrenbetäubendes Hurragebrüll! Die Schanzen waren „erstürmt"... In gewissen Zeitabschnitten kam Zaska zum Sammeln: bei einem Fünferl war man „Baron", bei einem Zehnerl „Graf", bei einem Zwanzgerl „Durchlaucht", bei einem Fuchzgerl und darüber sogar „Majestät!"

Dann kam das Theater, der „Fliegende Holländer". Mit einer Doppelschnur zog Papa Kern einen – Holländer-Hering hin und her bei entsprechender Musikbegleitung. Dann wieder Lieder mit allgemeiner Beteiligung, G'stanzln, Schnadahüpfln usw. „In Münch'n woll'ns gründn an Jungfernverein – Wo müass'n die alle eing'sperrt g'wen sein?" – „Die Brauer, die brau'n jetzt mit Dampfkraft das Bier, die Kraft b'haltens selber, den Dampf, den kriag'n wir" – –

Viel Beifall fand das Lied „vom Freund", besonders im letzten Vers: „Wer muß zu dem Jungen G'vater dann steh'n? Der Freund (von den Gästen gesungen). Wer läßt aus dem Anlasse glänzend sich seh'n? Der Freund. Wer sorgt für das Knäblein, beschenkt es so reich. Wer sieht dem – Buben so fürchterlich gleich? Der Freund! So ging's fort, bis Punkt 1 Uhr der Raußschmeißer Schluß machte. Mit etwa einem „Markl" hatte man einen fidelen Vormittag hinter sich, und man freute sich wieder auf den nächsten. Auf der Straße hatte allerdings der „Bock" oft seine Wirkungen.

Es kamen auch viele Fremde, denn Papa Kern gehörte zu den Münchner „Sehenswürdigkeiten". Nur kurze Zeit im Jahr ruhte der Betrieb. Da ging Papa Kern „ins Bad", und zwar, wie er selbst sagte: „Zur Erholung der Frau."

Im November 1911 schloß er seine freundlichen Augen für immer.

Hochradfahrer ,,Papa Kern''

Dienstmann Johann Kessler (geb. 1848)

Jedermann, der Ende der achtziger Jahre im Augustiner, in der Neuhauserstraße, verkehrt hat, würde sich an den Vielfresser Hans Kessler erinnern können. Geboren im Juni 1848 zu Detter im Bezirksamt Brückenau, lernte er das Schneiderhandwerk, siedelte sich aber später als Dienstmann in München an. Sein „Dienstmo-Bankerl" stand in der Rosengasse.

Als er noch ein Kind war, erregten schon seine „Leistungen" im Essen Staunen und manchmal war seiner Mutter Angst geworden, wenn er nach ausgiebiger Brotzeit immer noch keine Neigung zeigte, aufzuhören. Beim Militär wurde das „anatomische Unikum" bald bekannt. Vor den Augen seiner Zimmerkameraden verzehrte er ohne Unterbrechung zwei Kommißlaibe. Einmal ließ man ihm so viel Menageschüsseln bringen, als er nur vertragen konnte. Bei der zweiunddreißigsten war er dann zufrieden.

Sein unübertreffliches Können im Vertilgen eßbarer Gegenstände nützte Kessler gewissermaßen zu Berufszwecken aus. Er wettete viel und gewann damit regelmäßig, bis sich mit ihm nur mehr Fremde und Uneingeweihte wetten trauten. Auf Grund einer Wette verzehrte Kessler vor etwa siebzig Jahren in Schwabing binnen drei Stunden hundert Leberknödel. Ein andermal soll er mit entsprechenden Biermengen ein drei Pfund schweres Ofenrohr, das zu Eisenspänen gefeilt worden war, innerhalb von zwei Stunden in seinen Magen hinuntergeschwemmt haben. Es war für ihn eine Kleinigkeit, sechs Portionen Kalbsbraten mit Beilagen hintereinander zu vertilgen. In Augsburg soll er einmal fünfzig große Lungenwürste, in Nürnberg hundert kleine Bratwürste vom Bratwurstglöckl gegessen haben. Im Augustiner stellte Kessler im Laufe der Jahre folgende „Rekordleistungen" auf: 52 Leberknödel in 57 Minuten; 80 Leberwürste in genau zwei Stunden; 80 Weißwürste in einer Stunde und 55 Minuten; drei gebratene Gänse (zusammen 19 Pfund) in zwei Stunden und 30 Minuten; 16 Pfund warmen Leberkäs in 105 Minuten; 52 hartgesottene Eier ohne Salz und Pfeffer in zwei Stunden; eine gebratene Gans und 200 gesottene Kartoffeln in drei Stunden.

Eine seiner Glanzleistungen war die Wette um den Ochsen, den Kessler in 42 Tagen aufessen sollte. Er bewältigte aber die zehn Zentner in 31 Tagen und mußte dann die restlichen 11 Tage „hungern". Ähnlich war es mit einem drei Zentner schweren Schwein, das in 21 Tagen in seinen Magen gewandert war.

Ein Student, der Kessler hereinlegen und selbst Geld verdienen wollte, wettete an einem Monatsersten mit ihm 100 Mark, daß Kessler nicht im Stande sei, einen Ring Weißwürste mit 100 Stück in einer Stunde zu essen. Das Original erledigte jedoch seine Aufgabe in kürzester Zeit, der Student zog geknickt von dannen.

In der letzten Zeit seines Lebens war Kessler Zigarren- und Postkartenverkäufer im Augustinerrestaurant. Wann er starb ist nicht genau festzustellen, sicher ist jedenfalls, daß er seinen anormalen Magen bei Lebzeiten an die Anatomie verkauft hat. Der Magen ist in normalem Zustand 37 cm, bei Lufteinfuhr 57 1/2 cm lang und 24 cm breit. Die 300 Mark, die Kessler für seinen Kugelmagen bekam, soll er noch im gleichen Monat verfressen haben.

Der „Kinderschreck" (um 1920)

„Gebt's Obacht, der Kinderfänger kimmt, i hab'n scho g'hört!" schrien die Kinder in der Gegend des Platzl's. Und wenn dann das Brummen immer näher kam und gar der hellgraue Mantel an der Ecke auftauchte, dann liefen sie auseinander. So war er gefürchtet, der Kinderschreck oder Kinderfänger, obwohl er nie einem Kind etwas zuleide getan hatte.

So kannten sie ihn in der Innenstadt, den alten Mann mit dem unvermeidlichen hellgrauen Mantel, dem schwarzen breitkrempigen Hut und dem Knotenstock. Die Mütter waren froh um ihn. Wenn alles Rufen und Schimpfen nichts half, der Kinderfänger schaffte es auch, wenn nur mit seinem Namen gedroht wurde. Selbst den Buben war er nicht ganz geheuer.

Mit dem Schrecken soll es so angegangen sein: Eine Mutter, die zwei unfolgsame Buben hatte und den Alten kannte, bat ihn, ihr doch zu helfen. Er nahm sich einen rupfenen Sack und lief mit seinem Stock den Buben nach, bis er sie in die Ecke eines Hinterhofes getrieben hatte. Da ließ er sie zappeln und stellte sich an, sie in seinen Sack zu stecken. Im letzten Augenblick aber gelang es der Mutter, sie zu retten. So meinten sie wenigstens. Und von dem Tag an folgten sie wieder.

So kam es, daß die Kinder auseinander liefen, wenn sie nur annähernd die Gestalt des Kinderfängers zu erblicken glaubten. Und damit sie auch weiterhin Respekt vor ihm hatten, vergaß es der Alte, von dem Oskar Maria Graf so manchen Streich aufgeschrieben hat, nie, um die Mittagszeit, oder wenn es dunkel wurde, die Buben durch ein Brummen daran zu erinnern, daß die Mutter auf sie wartete.

Der „Klavierprofessor" Karl Herrmann (gest. 1908)

Bis zum Anfang des 20. Jahrhunderts herein war der „Herr Professor" ein bekanntes Münchner Original. Karl Herrmann stammte aus guter Familie. Sein Vater war Rechnungskommissar bei der Generaldirektion der Eisenbahnen. Schon frühzeitig widmete er sich dem ernsten Studium der Musik. Einem Schlag, den er in der Jugendzeit auf den Hinterkopf erhielt, schrieb er üble Folgen zu, die ihn am Aufsteigen zu höherer Künstlerschaft behindert haben sollen. Er war ein kleiner, etwas nach vorn gebeugter Mann mit kräftiger Nase, auf der eine mächtige Brille saß. Die Haare trug er nach Künstlerart, etwas lang und schlicht in den Nacken gekämmt, wodurch der Kragen seines schwarzen Leibrockes allerdings vielfach von der anfänglichen Reinheit eingebüßt hatte. Aus den Taschen seiner Rockflügel schauten stets Notenblätter hervor, deren Anfertigung er in den Mußestunden mit großem Eifer betrieb. Er hatte seltsame Gewohnheiten. Kam er an einen hohen Trottoirstein, so sprang er auf und ab und wiederholte diese Sprünge zum Gaudium der Passanten dutzendemal. Böse Buben wußten, daß der Herr Professor in Wut geriet, wenn jemand, der ihm begegnete, sich räusperte oder gar hustete. Die Buben taten's natürlich mit Absicht und lachten sich toll, wenn der Herr Professor mit seinem unentbehrlichen Stock vergebliche Versuche machte, die Übeltäter zu erwischen.

Herrmann war ein vorzüglicher Klavierspieler und lebte von einer Rente, die er von der Bayer. Staatseisenbahnverwaltung aus einem Unfall seines Vaters lebenslänglich bezog. Man mußte ihn aber gerade bei der rechten Laune antreffen, um ihn zu bewegen, seine Kunstfertigkeit auf dem Klavier zu zeigen. Dann freilich spielte er auch lange. Hauptsächlich verkehrte er im Café Perzel am Marienplatz.

Am 20. Mai 1908 wurde der 80jährige in das Krankenhaus verbracht, wo er nach 14tägigem Leiden am Donnerstag, dem 4. Juni, durch einen sanften Tod erlöst wurde. Ein kleiner Kreis von Bekannten und eine große Schar von Neugierigen folgten dem mit nur einigen Kränzen gezierten Sarg zum Grabe. Dort sprach der protestantische Stadtpfarrer Lembert von „einem seltsamen Manne, der es nie verstanden, sich mit der Welt abzufinden, der gearbeitet hat und zu nichts gekommen ist".

Der Klavierprofessor

Der „Kohlrabiapostel" K.W. Diefenbach (1851–1914)

Bis zu Anfang der neunziger Jahre belebte das Münchner Straßenbild ein weiteres Original, es war der Maler Diefenbach. Wie ein biblischer Apostel gekleidet, mit einem weißen hemdartigen Gewand, schritt er durch die Straßen und hielt öffentlich Vorträge. Er, wie seine kinderreiche Familie, trugen lange wallende Haare und Ledersandalen. Diefenbach war ein fanatischer Verfechter der naturgemäßen Lebensweise, die bei ihm schon beim Essen begann. Da er meist nur rohes Gemüse

Du sollst nicht töten!   Karl Wilhelm Diefenbach (1852-1913)

und Obst aß und jedes Fleisch verschmähte, nannte ihn der Volksmund „Kohlrabiapostel". Lange Zeit lebte er mit seiner Familie am Isarhang unterhalb der Menterschwaige, später in einer Hütte bei Höllriegelskreuth. Mit der Polizei kam Diefenbach öfter in Konflikt. Nicht genug, daß sie in der Stadt die Kinderscharen — denn meist hörten seinen Reden nur Kinder zu — auseinander treiben mußte, auch in der Wohnung des Sonderlings galt es manchmal, nach dem Rechten zu sehen. So hing einmal ein neugeborener Sprößling des Apostels in eine Decke eingewickelt vor dem Fenster und sollte so von frühester Jugend an abgehärtet werden. — 1891 führte er zusammen mit Berta v. Suttner und Mark Twain den ersten Friedenskongreß in Wien durch.

Diefenbach war kein schlechter Maler, wenn er auch in München keine besonderen Liebhaber seiner Kunst fand, so soll er doch seine „Kreuzigung" um einige tausend Dollar nach Amerika verkauft haben. Was ihn bewog, nach Italien, angeblich zu Verwandten, umzusiedeln, ist nicht näher bekannt. Die letzten Jahre seines Lebens hat der Kohlrabiapostel im Kreise gleichgesinnter Sonderlinge auf der Insel Capri verbracht, verstarb aber im Jahre 1914 in Wien.

Der „Köstner" (19. Jahrht.)

Der Köstner hielt viel auf sich. Er war ein guter Reiter und stolzierte in hellen Reithosen und schwarzen, gespornten Stiefeln mit einer silberbeschlagenen Reitpeitsche umher. In der Reitbahn war er wegen seiner gepfefferten Witze und seines sprühenden Humors sehr beliebt.

Der „Kräuterdoktor" Mutzenbauer (um 1930)

„Wenn Sie Bauchweh ham, dann trinken S' halt an Fencheltee oder an Kamillentee", sagte ein bärtiger Alter einer feinen Dame. „Und gegen die unreine Haut, da nehmen S' a an Fencheltee, wissen S' des mit dem — no ja, Sie wissen's scho, des is de Hauptsach, nur so gibt's reine Poren!"

Das waren die Worte des Kräuterdoktors Mutzenbauer, in seiner Sprechstunde unter freiem Himmel, bestenfalls im Warteraum des Hauptbahnhofs. Und dann erzählte er, daß er dieses Geheimnis schon von seinem Vater übernommen habe, denn der habe es ihm gelernt und sei bei seiner Lebensweise ein steinalter Mann geworden. Und auch der Sohn war nicht mehr im jugendlichen Alter, er hatte immerhin schon seine 70 Jahre auf dem Buckel. Er kurierte sich und seine Kunden mit den verschiedensten Teesorten, die nicht in den Münchner Anlagen wuchsen, die mußte er weit herholen, aus seiner Heimat Reichenhall, aus der Lindauer Gegend und dem Chiemgau.

Wenn auch manche Passanten ein wenig über ihn lächelten, in den letzten Jahren seines Lebens, er verunglückte tödlich auf der Straße, besuchten den Kräuterkenner immer mehr Kunden, selbst Apotheker gehörten dazu. Er war eigentlich nur im Winter und im Frühjahr in München, die übrigen Monate kroch er mit seinem Rucksack irgendwo in den Bergen unter den Latschen herum. Wohlgemerkt: sein Enzian stammte aus einem Privatgarten, denn in der freien Natur steht er doch unter Naturschutz. Das wußte Mutzenbauer immer wieder an den Mann zu bringen, daher konnte er ihn auch nicht ganz so billig abgeben.

Unter allen Originalen, die München jemals in seinen Mauern beheimatete, hatte wohl der Mutzenbauer das markanteste Gesicht, den würdigsten Gang und das zufriedenste Gemüt.

Xaver Krenkl (1780–1860)

„Tausende von Menschen sah man am 26. April 1860 nach dem Gottesacker wallen", schreibt eine Münchner Zeitung, „um einen Mitbürger auf seinem letzten Gange zu begleiten. Es war kein hoher Beamter oder vom Militär, dem seine Untergebenen pflichtschuldig die letzte Ehre erwiesen, es war kein Mann, der sich den Pomp eines großen Leichenzuges mit Gold erkaufte, sondern ein Mann aus dem Volke, der in diesem lebte und wirkte und sich durch die Geradheit seines Charakters, durch seinen kernigen Humor, welchen niemand zu beugen vermochte,

Kräuterdoktor Mutzenbauer

die Achtung von Tausenden erwarb, obgleich sein Beruf ihn nicht auf die Höhe der Gesellschaft stellte. Krenkl war ein Mann von seltener Herzensgüte und von echter, wenn auch derber Geradheit, der seinen Unwillen durch einen treffenden Volkswitz als Mann aus dem Volke Luft machte. Er haßte allen Schein und Trug, alle List und Maskiererei. Er war 'der Mann Altbayerns, dem man rohe Gemütsart beimißt, aber der unter seiner rauhen Sprache die Stimme eines wohltuenden, aufrichtigen Herzens trägt. Ein Edelstein in einer rauhen Schale!"

Xaver Krenkl

Am 17. November 1780 in der niederbayerischen Hauptstadt Landshut geboren, wuchs Krenkl in schlichten bürgerlichen Verhältnissen auf. Sein Vater, ein Uhrmacher, nahm ihn zu sich in das Geschäft. Doch der Aufenthalt in der freien Natur, der Umgang mit lebenden Geschöpfen, besonders mit Pferden, war dem kräftigen Buben lieber als das Sitzen an der Werkbank, vor zwar kunstreichen, aber toten Maschinen. Nach vollendeter Lehrzeit ging er zur weiteren Ausbildung auf die Walz und kam um 1806 nach München. Die Stadt und besonders die Tochter seines Quartiergebers, des wohlhabenden Bäckers Kriner an der Neuhauser Gasse, gefielen ihm so gut, daß der Xaver nicht mehr ans Fortgehen dachte. Die Eltern der Josepha waren von der Liebschaft zuerst nicht recht erbaut und so zog sich die Heirat geraume Zeit hinaus.

Um sich eine gesicherte Existenz zu verschaffen, ließ Krenkl kein Mittel unversucht. Mit Fleiß und Umsicht betrieb er die Uhrmacherei, fing aber daneben nach und nach einen kleinen Pferdehandel an, der sich bald als sehr erträglich erwies. Die Krinerschen Eheleute gaben schließlich die Einwilligung zur Heirat und vermittelten den Neuvermählten den Erwerb des „Neugarten", später „Neusigl" genannt, einer gut besuchten Wirtschaft.

Pferdenarr und Theaterfreund

Nach dem Tode der Schwiegereltern übernahm Krenkl die Bäckerei, die ein Geschäftsführer betrieb, verkaufte sie aber nach kurzer Zeit, um zuerst in der Windenmachergasse, dann in der Bayer-, Ecke Schillerstraße, das Lohnkutschergeschäft auszuüben und nebenbei mit Pferden zu handeln. Als 1852 die große Frequenz bei der Eisenbahn die Erweiterung der Schillerstraße notwendig machte, verschmähte Krenkl die Gelegenheit, sich auf Kosten der Stadt zu bereichern, er überließ vielmehr sein Anwesen zum Schätzpreis der Gemeinde und bezog seine neue Wohnung unter dem Karlstor, heute Hotel Fahrig.

Seit einer Pulverexplosion beim Eisenhändler Rosenlehner im September 1857, bei der auch Krenkls Wohnung arg in Mitleidenschaft gezogen wurde, war seine Frau Josepha krank. Im Jahre 1859 verstarb sie. Xaver Krenkl aber, von diesem Ereignis sichtlich gebeugt, sollte ihr schon nach einem Jahr folgen. In seinen letzten Monaten „sah man den rüstigen Greis lahmen Fußes in die Theater hinken, eine Leidenschaft, der er sein ganzes Leben huldigte". Und gerade im Theater ereilte ihn der Tod. Am 21. April 1860 fuhr Krenkl zu einem Pferdemarkt nach Stuttgart, zwei Tage später, als er abends sechs Uhr eine Loge des dritten Ranges des Stadttheaters betreten wollte, traf ihn der Schlag. Die Münchner begleiteten ihn auf seinem letzten Gang im alten südlichen Friedhof, wo er noch heute mit seiner Familie unter einem einfachen Stein ruht.

Eine Fülle von Anekdoten ist uns von Krenkl überliefert: aus ihnen allein könnte man wohl eine Charakteristik des Altbayern schreiben:

Krenkl war in keiner Situation um eine Antwort verlegen. So geschah es einmal, daß ihm im alten Schweiger-Theater an der Müllerstraße, dem Vorgänger der Blumensäle, ein Besucher mit seinem hohen Zylinderhut die Sicht behinderte. „Sie, Herr Nachbar, mechtn S' net Eanern werten Deckl owadoa?" redete ihn Krenkl an. Der tat als hätte er nichts gehört. „Sie, ham S' g'hört, Eana Angströhrn solln S' runtanehma!" „Was fällt Ihnen denn ein, ich verbitte mir das! Ich bin der Geheimrat Fuchs!" – „So, daß a Viech san, hab i g'merkt, daß aber a Geheimrat san, sieht ma Eana net o!" war die Antwort Krenkls.

Ein vornehmer Herr hatte einst ein stockblindes Pferd. Er glaubte aber, es könne noch geheilt werden. Krenkl sollte dazu seine Meinung äußern. „Haben Sie nun meinen Gaul gesehen?" – „Ja freili", erwiderte Krenkl, „ob er aber mi g'sehn hat, des woaß i net!" – Dem gleichen Herrn führte Krenkl kurze Zeit später ein Pferd zum Kauf vor. Als es den Schweif so schön trug, glaubte der Käufer, Krenkl habe mit Pfefferkörnern nachgeholfen. Krenkl fühlte sich in seiner Ehrlichkeit angegriffen und erwiderte beißend: „Jetzt saug'ns amal und wenn S' bloß a oanzigs Pfeffakirndl außa bringa, nacha g'hört des Roß Eana!"

Ein gutes Herz in rauher Schale

Krenkl besuchte täglich einige Kirchen und verteilte regelmäßig Geld unter die Armen. Eine ihm unbekannte Frau, die nicht den Mut hatte, ihn um Almosen anzusprechen, rief er mit lauter Stimme zu sich: „No, du, halt a bisserl! Brauchst denn du nix?" Er beschenkte sie dann mit einem größeren Geldbetrag und lud sie zum täglichen Mittagessen ein.

Auf dem Markt sprach den Krenkl einmal ein Pferdehändler an, der sich gern als vornehmer Herr ausgab: „Herr Krenkl machen verflucht gute Geschäfte!" „Alles nur ums Geld", meinte Krenkl. „Bei euch hört man halt nichts als vom Geld." „Für was handeln denn nacha Sie?" fragte Krenkl. „Der Ehre wegen", entgegnete der Kollege. Und schon fühlte sich Krenkl angegriffen: „No, so handl i ums Geld, weil i a Geld brauch und Sie um d' Ehr, weil S' halt a Ehr braucha!"

Wie schon erwähnt, war Krenkl ein sehr eifriger Theaterbesucher. Er verfolgte den Gang der Handlung mit großem Interesse, nicht ohne, und das besonders im Volkstheater, seinem gefürchteten Witz die Zügel schießen zu lassen. In einem „Räuberstück" schlich sich eben einer mit gezücktem Dolch von rückwärts an den Liebhaber heran, als Krenkl, vor Begeisterung aufspringend, durchs Theater schrie: „Geh weg, du Rindvieh, sonst sticht er di nieda!"

In einer Weinwirtschaft wurde ein ihm unbekannter Bürger von zwei anderen wegen einer Schuld von zehn Gulden beleidigt. Krenkl erkundigte sich um die Ursache der Meinungsverschiedenheit und erfuhr, daß einer für einen armen Familienvater für zehn Gulden „gutgestanden" sei. Krenkl warf ein Zehn-Gulden-Stück auf den Tisch mit den Worten: „Da es Tröpf, wenn's koa Herz net habt's, nacha hab's i!"

Während eines heftigen Regens trat Krenkl in das Zimmer einer Behörde. Er behielt seinen Hut auf und wurde auch deswegen von dem Sekretarius angesprochen. Krenkl erwiderte, wie darauf vorbereitet: „So warten S' do a weni! Mit der rechten Hand halt i an Schirm, mit der linken hab i die Tür zug'macht und mit'n Hintern ko i do an Hut net obatoa!"

Wohl am bekanntesten ist die Begebenheit mit Ludwig I. Im Englischen Garten, nächst dem Chinesischen Turm, fuhr Krenkl einmal hinter dem königlichen Hofwagen drein. Um sein neues „Zeugl" dem König zu zeigen, fuhr er ihm trotz des Verbotes – der königliche Wagen durfte nicht überholt werden – kurzerhand vor. Zornig rief ihm der König zu: „Weiß er nicht, daß das verboten ist?" Stolz entgegnete Krenkl vom Kutschbock: „Majestät – wer ko, der ko!"

Nicht vergessen sei Krenkls jahrelange Teilnahme an den Pferderennen beim Oktoberfest, bei welchen er sich viele erste Preise holte. Die Chronik des Jahres 1820 weiß darüber zu berichten: „Dem Uhrmacher Xaver Krenkl wurde unter dreimaligem Trompetengeschmetter der von ihm errungene zweite Preis überreicht." Zwei Jahre später vermerkt Ulrich von Destouches: „Das vorzügliche englische Pferd legte den Weg von 21 900 bayerischen Schuhen in neun Minuten mit der größten Leichtigkeit zurück. Eigenthümer dieses Pferdes ist Herr Pferdehändler Xaver Krenkl."

Viele Kraftausdrücke und Sprüche Krenkls haben sich bis in unsere Tage im Münchner Wortschatz erhalten. So besonders das „Wer ko, der ko!" oder die Redensart beim Kartenspielen „Jetzt reit'n s' an da Krankahausplanka vorbei."

Aus: „Königlich-Baierisches Regierungsblatt" 1806:

(Den Bürger-Adjutant Krenkl in Landshut betreffend.)

Wir Maximilian Joseph,
von Gottes Gnaden König von Baiern.

Wir haben mit Wohlgefallen die Verdienste vernommen, welche sich der Bürger-Adjutant Krenkl in Landshut in dem vorigen Kriege bey der Anwesenheit der kaiserlich-französischen Truppen um die Stadt und die umliegende Gegend durch wachsame Verhütung der Unordnungen wiederholt erwarb. Es ist Uns daher genehm, daß die früherhin erhaltene silberne Verdienst-Medaille desselben nunmehr gegen eine goldene umgewechselt werde.

Unser General-Landes-Kommissariat zu München hat desfalls das Geeignete zu verfügen.

München den 22. Dezember 1806.

Max Joseph.

Freyherr von Montgelas.
Auf königlichen allerhöchsten Befehl.
von Flad.

(Den bürgerlichen Kavallerie-Rittmeister Sebastian Brandner in Landshut betreffend.)

Seine Majestät der König haben unterm 6. laufenden Monats allergnädigst zu befehlen geruht, daß der beinahe 60jährige Sebastian Brandner in Landshut vom Bürger-Militär-Dienste als Rittmeister der Kavallerie befreit werde, und genehmigt, daß derselbe, in Rücksicht der vielen Verdienste, welche er sich bei dieser Stelle erworben hat, die Bürger-Militär-Uniforme seines Grades bei feierlichen Gelegenheiten noch forttrage.

Dagegen rücken der bisherige Oberlieutenant Jakob Himmelstoß, nach den bestehenden Verordnungen, als Rittmeister, und der bisherige 1. Lieutenant Franz Xaver Krenkl als Oberlieutenant vor.

München den 9. Juli 1808.

Königliches General-Landes-Kommissariat von Bayern.
Freiherr von Weichs.
von Schwaiger.

Xaver Kugler, Festwirt der Kugleralm (1873–1935)

Als man den Sonntag noch per Flaxenmotor = Fahrrad gestaltete, stand ein Ausflug zur Kugleralm in Deisenhofen oft auf dem Sonntagskalender der Münchner Familien. Auch die Eisenbahn führte zu der idyllisch gelegenen Kugleralm. Am Bahnhof Deisenhofen erwartete die ankommenden Gäste der Wirt höchstpersönlich, begleitet von einer Blaskapelle, die dann die Gäste mit schneidiger Marschmusik bis zur Wirtschaft begleitete. Schießbuden und Tanzpavillon, Karusselle und Kegelbahn taten ihr übriges, um die Kugleralm als echte Attraktion auszuweisen. Nur das Wetter

Xaver Kugler
Der populärste Stimmungs- u. Fest-Wirt Deutschlands
„Kugler Alm" in Deisenhofen b. München

spielte dem braven Wirt gar manchesmal böse Streiche. Damals gab es die Kühltruhe noch nicht, die ganze Ferkel einfrieren kann. Man mußte noch mit recht kleinformatigen Eiskästen vorlieb nehmen.

Als es wieder einmal ein total verregneter Sonntag war, der die Vorräte für einen Schönwettertag zu verderben drohte, gingen dem Kuglerwirt die Nerven durch. Er riß den Herrgott, der in der Ecke hing, herunter und warf ihn in den Eiskasten mit der unschönen Bemerkung: „Iatzt konnst de Würscht selber fressen, bei dem Sauwetter!" Eine christliche Mitarbeiterin in der Küche war von dieser Bemerkung so beleidigt, daß der Wirt angezeigt wurde und wegen groben Unfugs an ein Münchner Waisenhaus einen Sühnebetrag entrichten mußte.

Der „Kuckuck" Karl Neher (1855—1929)

Es wird kaum noch ältere Münchner geben, die mit dem unter dem Namen „Kuckuck" bekannten Zeitungsverkäufer Karl Neher, einem Altmünchner Original im besten Sinne des Wortes, das eine auffallende Ähnlichkeit mit Ludwig III. hatte, nicht schon ihren Spaß gehabt haben.

Neher war ursprünglich wohlbestallter Beamter der Süddeutschen Bodenkreditbank und nebenbei begeisterter Bergsteiger. Diese Eigenschaft ließ in ihm zu Anfang der achtziger Jahre den merkwürdigen Plan reifen, Monographien über sämtliche Berge der Alpen herauszugeben. Jeder Berg sollte genau beschrieben werden. Zu diesem Zweck setzte sich Neher mit einer Reihe von Schriftstellern in Verbindung, von denen jeder eine größere Anzahl von Bergen beschreiben sollte. Er selbst gab, um sich ganz der Sache widmen zu können, unklugerweise seinen Posten als Bankbeamter auf. Nehers Plan erwies sich praktisch als undurchführbar. Er gründete dann drei Zigarrengeschäfte, eines davon am Promenadeplatz, die auch nur einige Jahre florierten. Neher soll übrigens der erste Münchner Geschäftsmann gewesen sein, der sich wirksamer Auslagendekorationen bediente. Als er nach dem Krieg in eine schlimme wirtschaftliche Lage geriet, verdiente er sich sein Brot als Zeitungsverkäufer in den Straßen und Gaststätten der Innenstadt.

Eine gebleichte weite Windjacke, Wickelgamaschen, eine hohe Schirmmütze, einen derben Stock mit einem schwarz-weiß-rot-goldenen Fahnentuch umwickelt, einen Tornister auf dem Rücken, eine mächtige Tasche vorne, Orden und Auszeichnungen, oft noch mit einem Regenschirm, mit Zeitungen und Zeitschriften behängt, dazu das Kuckuckspfeiferl, so wußte man ihn. Die Münchner beurteilten diese äußere Erscheinung wissend und nachsichtig, für die Fremden war er eine Sehenswürdigkeit. In den letzten Jahren erhielt der Aufputz des Kuckucks einen fast grotesken Einschlag. Betrat er eine Gaststätte, ließ er an der Türe sein Kuckuckspfeiferl ertönen und sagte dann mit ruhiger, freundlicher Stimme: „Der Kuckuck ist da mit seinen Zeitungen." Dann machte er seinen Rundgang, unterhielt sich da und dort, zeigte sich als Menschen- und Zeitungskenner und verabschiedete sich an der Türe wieder mit dem Kuckucksruf und den Worten: „Der Kuckuck dankt und empfiehlt sich."

Karl Neher, mit seinem weißen Bart und den hellen Augen hinter dicken Brillengläsern, ist viel Wind um die Nase gegangen. Im Juli 1927 heiratete er wieder im Alter von 72 Jahren, und zwar Kitty Murff aus Wiesbaden, seine frühere Frau, von der er 18 Jahre geschieden war. Zuletzt hatte er sein Hauptquartier im

Bürgerbräu-Restaurant, wo man ihm einen Stand errichtet hatte. Wenn man ihn in später Nachtstunde im Mondenschein an der Frauenkirche vorbei in seine Behausung an der Löwengrube schleichen sah, dann glaubte man an eine Erscheinung aus dem alten München.

Am 22. Februar 1929 fiel er einer Erkältungskrankheit zum Opfer. Nach einem fast 74jährigen, bewegten Leben hat sich der Kuckuck für immer empfohlen.

Der Märchen-Erzähler G. Leuthold
vor seiner Klause im Nymphenburger Volksgarten in München.

Georg Leuthold, der Märchenerzähler (um 1900)

Im Nymphenburger Volksgarten in München, einer Nachahmung des Wiener Praters, konnte man Radrennen und Ballonaufstiege erleben, ungarischen Geigern lauschen, exotische Tiere bewundern und Schuhplattlergruppen besuchen; vieles andere mehr diente dem Amüsement der Münchner Bürger.

Um nicht gestört zu werden, ließ man die lieben Kleinen beim Märchenerzähler Leuthold, der von morgens 11 Uhr bis zur Schließung des Vergnügungsparkes den Kindern Märchen erzählte. Eine Tafel an seiner Bude ersuchte höflichst, die Abholung der Kinderlein bei der Schließung des Parkes nicht zu vergessen.

Der „Lokomotiverl" Heinrich Asam (um 1870)

In den siebziger und achtziger Jahren wohnte im Pagenhaus, im Herbergen-Viertel der Au, in der Krämerstraße 1, der Taglöhner Heinrich Asam. Als täglichen Stammgast des Hofbräuhauses kannte man ihn unter der Bezeichnung „Lokomotiverl". Er war ein Mann in den mittleren Jahren, mit einem knochigen Gesicht und langen schlanken Armen. Seine Kleidung war stark mitgenommen, es war auch nicht anders denkbar, denn oft blieb ihm nach der Polizeistunde kein anderes Nachtquartier, als unter einem Bogen beim Marienplatz. Wenn man ihn dann zum Polizeikommissär in die Weinstraße brachte, war der Lokomotiverl weniger bös darüber, als der Herr Kommissär selber, der mit ihm schon seit Jahren „dienstlich" zu tun hatte. Deshalb ließen die Schutzleute den Asam meist schlafen.
Einmal aber hatte es sich zugetragen, daß der Lokomotiverl von einem neuen Polizisten den halben Weg mitgenommen wurde. Als er unterwegs von einem alten Kollegen erfuhr, daß er mit diesem Festgenommenen keine Ehre aufheben würde, ließ er ihn laufen. Der Lokomotiverl aber ging schnurgerade zu dem hohen Herrn und stellte sich vor: „Melde gehorsamst, Herr Kommissär, mir is mei Schandarm auskommen!"

Arbeiten sah man ihn nicht, den Lokomotiverl, seine Hauptbeschäftigung bestand darin, im Hofbräuhaus die herrenlosen Maßkrüge nach „Noagerln abzugrasen". Wenn er einen besonders rentablen Krug entdeckt hatte, dann tat er es dem ganzen Lokal kund und zwar mit einem lokomotivähnlichen Pfiff. Daß er bei dem damaligen Bierkonsum nicht zu kurz kam, darf man sicher annehmen. Bei den Studenten im Augustiner verdiente er sich auf andere Weise sein Bier. Gegen Trinkgeld spielte er Lokomotive, er rannte durch die halbe Stadt, pfauchte und pfiff und führte mit den Armen stoßende Bewegungen aus, die Studenten hinter ihm her.

Die „Margret" Margret Preuss (geb. 1865)

Eine Münchner Zeitung schreibt im Oktober 1929:
Im Akademieviertel kennt sie jedes Kind, die Margret. Sie hat schon ihre 75 Jahre auf dem Buckel, aber laufen tut sie noch wie ein Wiesel. Aus dem verwitterten Gesicht mit den derb gegeneinander abgesetzten, wie in Holz geschnittenen Muskelpartien leuchten zwei lebhafte dunkle Augen und auch „mit'm Mundwerk

feit sie no nix". Der Glanz der schwarzen Haare, die den Kopf der bei Kemnath geborenen Oberpfälzerin bedecken, ist noch kaum durch Silber oder Grau gedämpft. Eine ehrwürdige Vestalin, die mit größter Sorgfalt das seit 20 Jahren in ihre Mit-Obhut gegebene heilige Feuer der „Kunst" hütet, geht sie im hochgeschlossenen Kleid der Frau aus dem Volke Tag für Tag den Weg von ihrer Wohnung zur Akademie, manchmal auch zur Kunstgewerbeschule oder in Privatateliers. Bildhauer, Maler, Zeichner, Radierer schätzen ihren Charakterkopf. Mit Stolz führt sie die Namen der Künstler an, die ihn verwertet haben: Dasio, Hengeler, Feldmeier, Gröber, Wöhrle, v. Marx, Philippi usw. Auch der Film hat ihn entdeckt, er hat bei Peter Ostermayer gefilmt und ist, wie sie sagt, auch in Geiselgasteig „vorgemerkt".

Margret Preuß macht den Eindruck eines vollkommen glücklichen Menschen. Die „Kunst" geht ihr über alles, sie gebraucht die stärksten Ausdrücke, um die Verzauberung glaubhaft zu machen, die ihr Leben seit dem „Übergang" zur Kunst erfahren hat. „Die Kunst hat mich vergloriformiert"; mit diesen Worten deutet sie das Geheimnis ihrer ewigen Jugend an. Unsäglich dankbar ist sie dem Arzt, der ihr in den fünfziger Jahren hilflos gewordenes Leben in die Kunst herübergerettet hat. Er hatte ihr prophezeit, daß sie bei der Kunst wieder aufblühen werde. Und das ist wirklich eingetreten. Seither hat sie nie mehr Kopfweh, keine Augenbeschwerden, überhaupt kein körperliches Leiden mehr gehabt. Wie kam sie zur Kunst? Das soll sie uns erzählen.

„Ich wollte als Mädchen ins Kloster gehen. Aber meine Mutter ließ das nicht zu. Da hab ich mir vorgenommen, so zu leben, als ob ich die Gelübde abgelegt hätte. Ich habe immer gedient, im Hotel, in der Küche, zuletzt habe ich ein altes Ehepaar gepflegt. Anfangs der Fünfziger hab ich plötzlich das Alter gespürt. Die Füße sind mir schwer geworden, ich kam zu einem Arzt in Behandlung. Der Arzt hat gemeint, nachdem ich nicht mehr arbeiten konnte, ich solle zur Kunst gehen, ich hätte ein gutes Profil. Da bin ich in die Akademie gegangen, da hab ich sagen müssen, daß mich der Arzt schickt. Der Jank hat mich angesehen und gesagt, ich sei sehr gut zu gebrauchen. Die Maler kamen herein und redeten mich alle gleich per Du an. Ein Professor hat mich dann gleich als Modell genommen.

Ich sitze seither meist drei bis vier Stunden am Tag. Für die Stunde bekomme ich siebzig Pfennige. Bei armen Künstlern bin ich auch mit weniger zufrieden. Ich passe mich der Finanzkraft an. Wenn ich weinen muß, krieg ich mehr. Dann denk ich immer an unsere Feldgrauen oder an die armen Künstler und dann kommen mir die Tränen. Kein Mensch kann Lachen oder Weinen solang aushalten wie ich. Darum bin ich auch so gesucht. Ich kann auch noch was Besonderes: ich kann lachen und weinen zugleich. Ich werde so gelobt, daß ich mich so ruhig halten kann, wenn ich einen Krug oder eine Vase in die Hand bekomme. Das Geld, das mir übrig bleibt, spar ich für mein Begräbnis. Die ganze Akademie geht einmal mit meiner Leiche mit. Ich will niemanden zur Last fallen. Ich habe keine Bedürfnisse. Ich war nie in einem Theater. Frau Zach läßt mich manchmal ins Capitol oder in die Wittelsbacher Lichtspiele, das ist mein einziges Vergnügen."

Der „narrische Maxl" Max Wörl (1855–1921)

Am 11. November 1921 verstarb in München der Metzger Max Wörl. In Giesing, Haidhausen, in der Au und im Schlachthofviertel kannte ihn jedes Kind als den narrischen Maxl. Geboren war er am 19. März 1855 in Fürstenfeldbruck und warum es ihn nach München trieb, blieb sein Geheimnis.

Man sah ihn immer mit einer Ziehharmonika, mit der er durch die Straßen zog, sich an einer Ecke aufstellte und dann zu spielen begann. Erschien er irgendwo, dann ging ihm schon weit voraus das Geschrei der Kinder: „Der narrische Maxl kommt!" Diesen Ruf war er mit der Zeit schon so gewöhnt, daß er sich selbst so vorstellte. Wo man Musik brauchte oder nicht, der Maxl war überall, ganz gleich ob bei einer Hochzeit, oder in Wirtschaften, ja sogar in der Straßenbahn spielte der immer Lachende seine bayerischen Landler und Märsche. Damit er nicht ganz ohne Lohn spielen mußte, ließ er seinem Vortrag den Tellerwalzer folgen und ganz von selbst fielen dann Zehnerl und Fünferl in seine Tasche oder in den aufgestellten Hut.

Genau so lustig wie er war, so konnte er auch furchtbar grob werden und es war ihm dabei ganz gleich, ob er einen Passanten oder einen Schutzmann beleidigte, oder gar tätlich gegen ihn wurde. Das war auch der Grund, warum man den narrischen Maxl, allerdings nur sehr kurze Zeit, in Eglfing, einmal auch in Gabersee, festhielt. Weil er aber doch zu harmlos befunden wurde, gab man ihm die Freiheit wieder. Besonders gut soll der Maxl auch Pferde gezeichnet haben und wenn irgendwo ein Bräugaul auftauchte, nur dann ließ er sich im Spiel stören und beobachtete das Pferd ganz genau.

Schon im Jahre 1911 ließen ihn die Giesinger einmal sterben. Er sollte aber noch zehn Jahre leben. 66jährig verstarb der narrische Maxl, arm und einsam, nach kurzer Krankheit, in seiner Wohnung in der Taverne „Zum letzten Pfennig".

Karl Valentin, der Liebhaber Münchner Vorstadttypen, hat sich um die Ziehharmonika des Maxl bemüht, zu seinen Lebzeiten war gar nicht daran zu denken, daß er sie hergab und als er gestorben war, war sie nicht mehr zu finden. Hat sie der narrische Maxl mit ins Grab genommen?

Der „Mäßigkeitsapostel" Ernst Mahner (um 1840)

Ernst Mahner, der „hochberühmte Mäßigkeitsapostel", machte in den vierziger Jahren des vorigen Jahrhunderts viel Aufsehen. Er trug eine schwarze Samtkutte und hielt seine Mäßigkeitspredigten im Saal der Gastwirtschaft „Zum Paradies", im Englischen Garten. Dabei stellte er sich selbst an den Eingang und kassierte mit einem zinnernen Teller das Eintrittsgeld. Mit würdevollen Schritten begab er sich darauf zum Rednerpult und wetterte gegen vieles Essen, Trinken und Rauchen. Seine Vorträge sollen immer gut besucht gewesen sein, doch ein Großteil der Zuhörer dachte gar nicht daran, seinen Rat zu befolgen, wußten sie doch, daß er nach beendetem Vortrag sein Geld zählte, die Kutte auszog und sich dann in eine versteckt gelegene Wirtschaft begab, um seine Lehre selber Lügen zu strafen.

Hauser Lenz, der „Millionenbauer" (gest. 1918)

Als sich München um die Jahrhundertwende immer mehr ausdehnte, wurden die Äcker und Wiesen des Neuhauser Ökonomen Hauser Lenz immer mehr zu Gold! Hatten schon seine Eltern als Sandgrubenbesitzer ihren guten Anteil an der regen Bautätigkeit des damaligen München erworben, so schneite es dem Sohn Lenz direkt die Tausender herein, als man in der Gründerzeit Gelände um jeden Preis erwarb. Das Geld stieg dem Lenz aber gar bald zu Kopf. Zigarren mit Hundertmarkscheinen anzuzünden, mit Zechkumpanen ganze Wirtshauseinrichtungen zu demolieren und ähnliche Dinge mehr führen eben zu nichts Gutem. Die Späße, die er sich auf dem Viktualienmarkt erlaubte, Eierkörbe umzustoßen oder in Kunsthandlungen Bilder mit dem Spazierstock zu durchbohren, wurden doch nicht allzu lustig befunden. Auch Rennpferde sind bekanntlich teuer. Trotzdem schenkte er einem Firmling, dem er den Paten machte, ein solches zu der üblichen goldenen Uhr. Sechsspännig fuhr er durch München, was ihm gar manche Polizeistrafe brachte. Auch ein schloßähnliches Wohnhaus bei Allach mußte her, „daß s'Geld unter d'Leut kimmt". Aber allzu schnell brachte er es durch und die Verwandtschaft ließ ihn schließlich unter Kuratel stellen. Aber wo auch immer er erschien, war was los und die Münchner liebten ihren „Millionenbauer"... Am 17. Juli 1918 verstarb er, betrauert von vielen seiner zechfreudigen Kumpanen, denen seine Freigebigkeit wohl recht abgegangen sein wird.

Hauser Lenz, der Millionenbauer

Die „Minna Hupf" (um 1900)

Die böseste Zunge von ganz München soll die Minna Hupf besessen haben. Nur ältere Münchner erinnern sich noch an sie. Wie ihr eigentlicher Name war, kann heute keiner mehr sagen. Man weiß auch nicht mehr, wann sie gestorben ist und wie alt sie war. In den Jahren zwischen 1885 und 1900 stand sie, 60jährig, in ihrer „Blüte". Jedermann ging ihr aus dem Weg, man wußte nie, welcher Laune sie war, selbst die Schutzleute fürchteten sie. Ihr Wortschatz an Giesinger Spezialausdrücken war unerschöpflich und herzerfrischend für den Zuschauer. Wehe dem, den die Minna gerade in der „Reiß'n" hatte!

Sie war eine ausgemergelte Frau mit einem faltigen Gesicht, das dem eines Indianers glich. Ihren spärlichen Haarwuchs hatte sie kerzengerade auf dem Kopf zu einem dünnen Knoten zusammengebunden. Die Kleider, mit allerhand Stoffresten der verschiedensten Art ausgebessert, ließen kaum noch die ursprüngliche Farbe erkennen. Das Schuhzeug war von der gleichen Beschaffenheit. Mit dem einen Fuß lief sie meist auf „Münchner Boden". Der zweite war und das war ihr Hauptmerkmal, „vom edlen Holz des Fichtenstammes", sie trug ein Holzbein. So bedauernswert sie eigentlich deshalb war, so sehr wurde es der Minna zum Spott, wenn sie an einen Unrechten geraten, der noch über ein größeres Repertoir an Schimpfwörtern verfügte als sie, so in Wut geriet, daß sie kurzerhand auf offener Straße den Lederriemen löste und mit der Prothese zuschlug.

Beim Sollerwirt im Tal aber hatte sie sich einmal verrechnet. Böse Buben nahmen den Holzfuß, sie hatte damit nach jemand geworfen, und liefen davon. Trotz ihrer sechzig Jahre sprang sie den Buben, sich auf ihren Stock stützend, nach, holte sie ein und besorgte dann das Weitere mit dem geraubten Fuß.

Besonders gern ging die Minna zum Viktualienmarkt. Obgleich die Marktfrauen sie alle kannten, wußte keine Näheres über sie. Von den Marktfrauen bekam die Minna stets angefaultes Gemüse und Obst, das sie in ihrem schon sehr gebrauchten Weidenkorb verstaute. Hier soll man sie einmal beobachtet haben, wie sie hinter einem großen Marktschirm fünf halbverfaulte Zitronen verdrückte. Der Anblick allein soll den Zuschauern das Wasser im Munde zusammengezogen haben.

Obwohl die arme Frau, und das war sie sicherlich, eine jener Straßenfiguren war, die den Münchner Alltag belebten, ist keine Photographie von ihr erhalten. Auch eine Münchner Zeitung, die ihre Leser schon vor vielen Jahren einmal darum bat, hatte keinen Erfolg. So müssen wir uns mit dieser Zeichnung begnügen.

Minna Hupf

Josef Mühlbauer (geb. 1907)

Den „Millipeps" hießen ihn die Anlieger und Bewohner des Viertels um den Glockenbach. Das Licht der Welt erblickte er am 12. Mai 1907 in der Daiserstraße, damals noch idyllische Sendlinger Vorstadt. Seine Mutter betrieb in der Holzstraße ein Milchgeschäft. Damals war noch ein freundlicher Kundendienst üblich, was zur Folge hatte, daß der kleine Peperl schon um fünf Uhr früh aus den Federn geholt wurde und bei Wind und Wetter die Milchkübeln vom Südbahnhof abholen mußte, den Kunden die Semmeln und die Milch vor die Türen zu liefern hatte, bevor er sich zur Schule begab.

Peps Mühlbauer

Später war er in einem Uhrengeschäft tätig, stellte die beliebten Standuhren mit Westminster-Schlag auf und war bekannt im ganzen Viertel. Seine Leidenschaft gehörte von früher Jugend an dem Theater und der Kleinkunstbühne. 1927 hatte er sogar beruflich damit zu tun, nämlich als Claqueur des Deutschen Theaters unter der damaligen Direktion Hanns Gruß. Mancher „Theatererfolg" wurde durch den Peps erzielt, der seine Beifallskollegen zu dirigieren hatte.

Von dieser Tätigkeit hielten ihn vier Kriegsjahre ab. Obwohl er ein strammer Boxer war, wurde er doch für den Küchendienst ausersehen. Nach dem Kriege begründete er mit dem Kabarettisten Harry Wills eine Kleinkunstbühne, um endlich 1950 im Deutschen Theater zu landen. Acht Jahre war er dort unentbehrliches Mädchen für alles. Er erfreute sich vieler Freundschaften mit berühmten Künstlern. Wir nennen nur Max Hansen, Johannes Heesters, Charlie Rivels und unzählige Ballettmädchen. Auch beim Film war der Peps, allerdings nur als Helfer bei der Kamera. Dann gab er sein Debüt im Valentin-Musäum. Als Kassier und Portier feierte er dort manchen Sieg gegen die so verdächtige Vernunft. Seine Ähnlichkeit mit Valentin brachte ihm oft die Frage ein, ob er ein Bruder Valentins sei, was von ihm mit der Antwort "Na! I bin sei Schwester!" abgelehnt wurde. Man wunderte sich nicht, wenn der Peps an einer Tankstelle einen Kinderwagen „abschmieren" ließ oder wenn er in einem sehr schneereichen Winter vor dem Isartorturm einen Schneehaufen mit Benzin übergoß, um ihn zu verbrennen. Von der Linde, die vor dem Isartor steht, erntete er Weintrauben. Seit 1974 genießt er nun die wohlverdiente Pensionistenruhe, aber in Obing, wohin er seinen Alterssitz legte, kennt man ihn auch schon wieder – Originale bleiben Originale! Der Peps ist eines der liebenswürdigsten!!

„Naturingenieur" Werner (geb. 1853)

Viel beachtet wurde noch bis in die dreißiger Jahre ein hageres Männchen namens Werner, es betitelte sich Naturingenieur und betrieb eine kleine Drogerie in der Kreuzstraße. Er hatte eine straff aufgerichtete Gestalt, trug einen verschossenen, mosaikartig mit bunten Flecken besetzten Anzug, der dem Schnitt nach schon von seinem Großvater stammen mochte. War sein Anzug schon sehenswert, so war es der Kopf noch bei weitem mehr. Ein lang herabwallender Bart umrahmte das wetterharte Gesicht mit den dunkellodernden Augen, den buschigen Brauen und der hohen Stirn. Die über die Schulter fallenden Haare waren mit einem Bändchen zusammengehalten, ab und zu zu einem Zopf geflochten, weshalb dem Werner auch

der Name „Zöpferlmann" gegeben wurde. Das Überbleibsel eines flachen Stohhutes war mit Federn von Hühnern und Gänsen geschmückt. So kam es, daß man ihn auch noch als „Federlmann" bezeichnete. Um die Hüften hatte der Werner einen Ledergürtel, in ihm, wie auch in den Knopflöchern steckten Vogelfedern.

Eiligen Schrittes, kraftvoll federnd ging er durch die Straßen, den Blick immer geradeaus gerichtet. Niemand sah ihm sein wirkliches Alter an. Nach seinem Aussehen konnte man den 1853 in Franken geborenen für fünfzig halten, in Wirklichkeit war er aber um zwanzig Jahre älter. Seine Drogerie war so merkwürdig wie ihr Besitzer selber. Schon die Auslage, in die man vor Staub und Spinnennetzen kaum sehen konnte, war alles andere als Reklame für das Geschäft. Bunte Standgläser mit farbigen Papiereinlagen trugen Etiketten mit lateinischen Namen in verschnörkelten Schriftzügen. Daneben lagen vertrocknete Blätter, undefinierbar, an welchem Stengel sie gewachsen waren. Auch längst verdorbene Eier mit vergrauten Schalen waren ausgestellt. Doch die Kuriosität war das Innere des Ladens. Berge von Federn und getrockneten Kräutern, mit denen er Handel trieb, lagen auf dem Boden.

"Federlmann"
Zeichnung: J. Regnat

Salben und sonstige Naturheilmittel standen in Regalen, die wegen der Spinnweben kaum sichtbar waren. Werner konnte keinem Tier was tun. Tiere waren für ihn verkörperte Geister, deswegen ließ er auch die Spinnen sich ausbreiten. Hunderte von fetten Kreuzspinnen konnte man bewundern. Und weil er die Tiere so liebte, kaufte er sich jahrelang keinen Anzug, er wollte nicht, daß sie wegen ihm frieren mußten. Dagegen haßte er Kinder. Er glaubte, daß die starke Kinderzahl die Wurzel allen Übels sei. Werner war ein fanatischer Katholik und mit den Lutheranern verfeindet, weil sie die Lehre des Stoffwechsels erfunden und propagiert hätten. Und da die meisten Preußen Lutheraner sind, ging er auch gegen diese los. Überhaupt hatte Werner grundsätzliche Lehren, die man auf Befragen hören konnte. Sein wichtigster Satz war der der Erhaltung der Körpersäfte. Diese Säfte solle man nicht vergeuden. Den Verlusten müßte man energisch entgegentreten, selbst beim Zähneputzen dürfe man den Speichel nicht ausspucken. Dafür erfand der Naturingenieur ein Pulver, das ein Spülen nicht mehr notwendig machte. Obwohl er ein Gegner von Nikotin und Alkohol war – in seinem Laden durfte nicht geraucht werden – war er guten Zigarren und einem Kognak nicht abgeneigt. Auch Fleisch sagte ihm zu, nur alles mit viel Maß.

Werner war in seinem Auftreten ganz der Beweis seiner Lehren. Manche mochten ihn als Scharlatan bezeichnet haben, sie taten ihm Unrecht. Er war ein Mensch, der tat, was er lehrte, ein Mann voll Logik und Folgerichtigkeit. Er liebte die Natur stark und innig und wenn er es zu viel getan haben sollte, dann kann man ihm diesen Zug nicht zum Schlechten auslegen.

Der „Schirmmacher Niklas" Anton Niklas (gest. 1934)

In der Clemensstraße, hoch im nördlichen Schwabing, wo die Stadt damals bald aufhörte, wohnte in einem kleinen, von außen wenig freundlich aussehenden Holzhäuschen, der Drechsler Anton Niklas. An der Front seiner mit Wellblech bedeckten Behausung las man in großen Buchstaben: „Schirmfabrik Anton Niklas". Man mochte vielleicht darüber lachen, die Inschrift hatte aber insofern recht, als der Alte mit dem weißen Lockenkopf tatsächlich der letzte in München war, der noch Regenschirme mit der Hand herstellte. Übrigens war er stolz darauf, daß die Photographen und die Maler sich oft in seinen Künstlerkopf verliebten, nur zu gerne saß er ihnen Modell. Seine Mutter schon war eine berühmte Münchner Schönheit gewesen. Da auch in München ein Bedarf an handgemachten Regenschirmen nicht mehr vorhanden war, so mußte sich der alte Niklas mit dem „schundigen G'raffel" befassen. Er lebte von der ihm so verhaßten „Fabrikwar"', die ihm zur Reparatur gebracht wurde. Über den Undank der Menschen pflegte er sich in der philosophischen Äußerung zu ergehen: „Da hat ma so an Haufen Leit a Dach übern Kopf g'macht, so guat und fest, ganz mit der Hand, und jetzt san's so undankbar und kaufen des billige Zeug, von dem oa Maschin 50 Stück in oan Tag macht. De Menschen haben halt die Schirmkrankheit, san überspannt und ham koan Halt mehr!"

Beim Großen Wirt in Schwabing hat er vierzig Jahre lang verkehrt. Mit der Wirtin, einer Münchnerin noch vom alten Schlag, verstand er sich besonders gut. Sie kannte seine Nöte und wußte auch noch die Zeit, in der er neben der Herstellung von Schirmen Spielwaren anfertigte. Mit der neuen Zeit jedoch konnte er nicht mehr Schritt halten, die Spielwarenfabriken arbeiteten doch billiger. Manchmal hat ihn die Wirtin am Rock gezupft und ihn gebeten, er möchte sich doch der Gäste wegen sauberer „zamrichten".

Im Januar 1934 holte sich der 72jährige in seiner windigen Bude eine Lungenentzündung, man mußte ihn ins Schwabinger Krankenhaus bringen. Kurz vor seinem Ende, er spürte selbst, daß es nicht mehr lange dauern konnte, erklärte er der Krankenschwester: „Wann i stirb, nacha sorg i schon dafür, daß 's a so gießt vom Himmel runter, daß die Fabrikschirm alle z'reißen und des nur die Handgenähten aushalten kenna!"

Die „Nußkathl" (um 1830)

In der dreißiger Jahren des vorigen Jahrhunderts war die Nußkathl eine stadtbekannte Persönlichkeit. Recht viel weiß man zwar nicht mehr über sie, aber das ist überliefert, daß sie tagtäglich im Hofbräuhaus zu finden war, wo sie neben Rettichen, Radieschen und manchmal auch Blumen, hauptsächlich Nüsse verhausierte. Sie soll sehr derb gewesen sein und manchmal den Gast mit Grobheiten zum Gehen gezwungen haben, wenn er sich unterstand, ihre Nüsse aus irgend einem Grunde herunterzusetzen.

Die Nußkathl war eine stattliche ältere Frau, die meist eine pelzbesetzte Mütze trug. Unter ihrer ärmellosen Weste war sie mit bunten Blusen mit Pluderärmeln bekleidet, über ihrem weiten langen Rock hatte sie den Schaber gebunden, in dem eine Tasche für Geldbeutel und Rosenkranz eingenäht war.

Der seit 1834 in München lebende, 1884 verstorbene Johann Georg Christian Perlberg schildert mit seinem Bild das Leben und Treiben in der Pschorrbräubierstube in der Neuhausergasse im Jahre 1837. Im Mittelpunkt des Gemäldes bietet die Nußkathl ihre Nüsse feil. Es ist wohl das einzige Bild, das uns von ihr erhalten blieb.

Im Jahre 1835 ist die Nußkathl beim „Radiweiberrennats" die Erste geworden. Als in späteren Jahren der Nußhandel nicht mehr ging, die Wirtschaften die Rettiche selber verkauften und man Blumen überwiegend auf der Straße feilbot, mußte die Alte das Hausieren aufgeben. Von nun an war sie wieder die „Kathi" und bediente beim Ketterl.

Wann sie gestorben ist und wie alt sie wurde, läßt sich nicht mehr feststellen. Jedenfalls verschwand mit ihr ein Stück aus dem alten München.

Der „Nußknackl" Cajetan Nußrainer (gest. um 1883)

Der Nußknackl würzte sich die erste Maß Bier mit Pfeffer und Salz. Er hieß Cajetan Nußrainer, wohnte in der Klenzestraße 44 und ist um 1883 gestorben. Im Adreßbuch stand neben seinem Namen „Funktionär, Hilfsarbeiter im kgl. Steuerkatasterbüro". Seine Lebensgeschichte ist gedruckt erschienen unter dem Motto: „Gar oft von der Kneipp' ging i viel früher hoam, wenn das Braun-Bier net war und der weiß' Foam!" Zum Entsetzen der Zuschauer biß er die stärksten Nüsse mit den Zähnen auf und hatte daher seinen Spitznamen.

Die Nußkathl im alten Pschorr-Bräu. Gemälde von J. G. Perlberg. 1837

Der „Oachkatzlbaron" (um 1920)

War das der mit dem Oachkatzlschnurrbart und der silbernen Hirnschale, der immer soviel Gold an den Fingern trug? Ja, der war's. Viele kannten ihn, der einen silbernen Stock temperamentvoll schwingend, durch die Straßen der Stadt schlenderte. In seinem Stammlokal beim „Schlicker" im Tal saß er allabendlich, immer mit Hut und Stock, stets schweigsam. Es war schon eine Seltenheit, aus ihm ein paar Worte herauszubringen. Daher umgab ihn ein mysteriöser Schleier, den die verschiedensten Meinungen und Gerüchte der Leute zu lüften versuchten. Es dürfte aber kaum jemals gelungen sein, denn sonst wüßte man bestimmt heute mehr über seine Herkunft.

Jedes Jahr war der Baron eine Zeitlang verschwunden, niemand wußte, wo er sich aufhielt. Er verweilte dann an der Riviera oder in Monte Carlo. In den Spielsälen soll er eine bekannte Persönlichkeit gewesen sein. Er schien auch immer Erfolg gehabt zu haben. Absichtlich oder ungewollt ließ er nach seiner Rückkehr einen Blick in seine prall gefüllte Geldtasche tun und gab immer wieder neuen Anlaß zum Tuscheln über seinen Beruf, seine Reisen und seine sagenhaften Millionen. Geld muß er schon besessen haben, der Baron, denn seine nicht gerade kleine Brillantnadel auf der Krawatte war echt, das stand fest. Ebenso waren seine vielen Ringe, an jeder Hand mindestens drei, aus gutem schwerem Gold und in solche setzt man auch keine imitierten Steine.

1929 verschwand diese einzigartige Münchner Erscheinung; auch da lüftete sich der Schleier nicht.

Der „Papetti" (um 1875)

Eines der wenigen Münchner Originale aus dem vorigen Jahrhundert, die uns durch den Stadtchronisten Ernst von Destouches überliefert wurden, ist der lustige Corpsdiener Papetti. Italienischer Abstammung, aber in Franken geboren, kam er früh nach München und gab in seinen jungen Jahren Privatunterricht in Latein und Italienisch. Da er sehr gute Umgangsformen hatte, holten ihn sogar angesehene Bürgerfamilien ins Haus. Dabei verdiente er gutes Geld und das war, wie so oft im Leben, sein langsamer Untergang. Papetti liebte den Wein und kam allmählich als Säufer in Verruf. Auch soll das weibliche Geschlecht dabei eine Rolle gespielt haben. Am Ende seiner Laufbahn wurde er Corpsdiener der Franconia. Dort hatte er so ziemlich alle anfallenden Arbeiten zu erledigen. Bei den Studenten wurde er, in der Zustellung von Briefen, der Nachfolger vom Finessensepperl. Seine humorvolle Art, mit der er auftrat, seine peinliche Zuverlässigkeit und seine absolute Verschwiegenheit verhalfen dem Papetti zu einer Beliebtheit, mit der er natürlich auch sein Leben bestritt.

Über die Beendigung seiner Gastrolle in München schreibt die Stadtchronik vom 10. August 1875:

„Die Zahl der Münchner Originale hat sich wieder verringert; der in weiten, namentlich exstudentischen Kreisen wohlbekannte ehemalige Corpsdiener der Franconia, der lustige ‚Papetti', wurde seit einiger Zeit geistig und körperlich so hinfällig, daß er behufs entsprechender Vorsorge in seine unterfränkische Heimat verbracht werden mußte."

Die „fesche Peppi" (um 1850)

Ein tanznarrisches Weibsleut war die fesche Peppi. Jeden Sonntag war sie im Paradiesgarten und im Himmelreich und verdrehte nicht nur mit ihrer Tanzerei, sondern auch wegen der strammen Figur manch schwachem Vertreter des starken Geschlechts den Kopf.

Die „Frau Professor Peppi" (um 1890)

Der weibliche Philosoph, die Frau Professor Peppi, vertrieb vor der Jahrhundertwende im Hofbräuhaus Zeitungen und selbstverfaßte Schriften über den Weltuntergang, aber weil man auch das Diesseits nicht aus dem Auge lassen soll, verwahrte sie zugleich in ihrer ausladenden Tasche sorglich Zangen und Scheren. Man kann nie wissen, schließlich können auch Hofbräuhausgästinnen von freudigen Ereignissen unvorbereitet überrumpelt werden!

Frau „Professor Peppi"

Turmstüberl im Valentin-Musäum — das kurioseste Lokal Münchens!

„Der Poet" (1859–1909)

Mit seiner hohen Gestalt und seiner stolzen Körperhaltung war er eine würdige Erscheinung, mit der allerdings sein Äußeres nicht recht im Einklang stand. Josef Schuster war eigentlich Kanzlist von Beruf. Schon im Alter von 41 Jahren wurde er wegen Krankheit in Pension geschickt und wohnte auch seitdem im Josefspital.

Den Beinamen: „Der Poet" bekam er wegen seiner eigenartigen Kleidung. Stets sah man ihn mit Künstlerhut von seltsamer Form und langem, üppigem Haar durch die Maximilianstraße promenieren. Im Fasching 1909 kopierte ihn einer seiner vielen Bekannten in so naturgetreuer Weise, daß es zu den drolligsten Verwechslungen kam. Zuletzt wußte niemand mehr, wer nun eigentlich der echte Poet war.

Schuster war einer von den Originalen, die nicht durch besondere Schlagfertigkeit oder komische Angewohnheiten bekannt wurden. Er war lediglich ein stiller Spaziergänger, der nur durch die Regelmäßigkeit seines täglichen Weges und der stets gleichbleibenden Kleidung auffiel. Es war ihm nur ein kurzes Leben beschieden. Am 23. Mai 1909 verstarb er nach vierzehntägiger Krankheit im Alter von 50 Jahren. Nur wenige Bekannte, die von seinem Ableben Kunde erhalten hatten, gaben ihm das letzte Geleit.

Der „Polizeibartl" (um 1880)

In den achtziger Jahren des vorigen Jahrhunderts gehörte der Polizeibartl zu den sogenannten stehenden Straßenfiguren. Der Bartl war ein selten verkommenes Genie, dem es nur darum ging, möglichst wenig zu arbeiten und dabei aber möglichst viel Bier zu bekommen. Das verstand er auch. Ohne einen Pfennig in der Tasche ging er in verschiedene Wirtschaften, es waren nicht gerade die besten Häuser, sorgte für Stimmung und Humor und kam so zu seinem Quantum, von dem ein Teil schon genügt hätte, einen anderen unter den Tisch rutschen zu lassen.

Der Polizeibartl — woher er diesen Spitznamen hatte, kann heute niemand mehr sagen — soll Tambourmajor beim Leibregiment gewesen sein und seinen Stab besonders „elegant" geschwungen haben. Mit seinen Vorgesetzten stand er nicht gut, das Trinken noch dazu und es reichte, um ihm seinen Entlassungsschein auszuhändigen.

Um Bartl's Einfälle wäre mancher Komiker froh gewesen. Immer wieder brachte er Neues, nur sein „Leichenbegängnis" blieb das alte. Dieser Vortrag war sein Hauptschlager. Darin zeigte er in aufeinanderfolgenden Szenen den ganzen Ablauf seiner eigenen Beerdigung. Meist brauchte er eine Stunde Vorbereitung dazu. In dieser Zeit ließ er sich vom ganzen Lokal bitten und betteln, jeweils unterstützt von mehreren Maß Bier, es doch vorzuführen. Hatte er dann genügend in sich, war sein Zweck erreicht, doch das Folgende entschädigte die Gäste reichlich für ihre Stiftungen. In der Schenke holte sich der Bartl die Requisiten, eine Gläserbürste, einen Maßkrug mit Wasser, aus der nächstbesten Vase ein paar Blumen und einen Eßlöffel, mit dem er die drei Schaufeln Erde andeutete. Seine Komik soll äußerst nüchtern gewesen sein und durch den Ernst, mit dem er vortrug, sehr gewirkt haben. Am Ende der Beerdigung kam dann natürlich der Leichenschmaus, für den er sich vorher als Leichenträger das Trinkgeld kassiert hatte.

Der Polizeibartl war auch einer von denen, die sich stillschweigend verabschiedeten, um die Reise in eine sorglosere Welt anzutreten.

Der „Premier" Wilhelm Durocher (gest. 1904)

Der Premier, wie man ihn in Bekanntenkreisen nannte, hieß eigentlich Wilhelm Durocher, stammte aus Würzburg und war Leutnant a.D. Er war einstens Chevauleger und zum Schluß seiner militärischen Laufbahn Premierleutnant gewesen. Das war aber schon lange her, denn er wurde bereits im 27. Lebensjahr in Pension geschickt. Es gab auch Leute, die ihn avancieren ließen, Rittmeister, Hauptmann oder Major titulierten, was er sich auch ohne Widerspruch gefallen ließ.

Seine Gesichtsfarbe war bleich und seine Züge aufgedunsen. Die Farbe seiner Kleidung spielte von grau nach gräulich über. Er machte immer einen wohlbestaubten Eindruck und sah daher einem Bretzenbäcker mehr gleich, als einem ehemaligen kgl. bayer. Leutnant. Durocher gehörte auch zu den Menschen, die auf ihr Äußeres absolut nichts geben. Tagtäglich erschien er im gleichen Gewand, obwohl er im Kleiderkasten diverse Anzüge hängen hatte. Allabendlich saß er im „Weißen" im Tal, im hinteren Zimmer, rechts beim Eingang im Eck und wenn man ihn auch nicht sah, so hörte man doch seine Stimme durch das Sprachgewirr hindurch, denn die Laute, die dem Gehege seiner Zähne entschlüpften, hatten einen eigentümlichen Klang. Sein

Redefluß war schier unerschöpflich. Wehe dem, den er sich als Opfer erkoren! Widerspruch duldete der Premier nicht, er hatte immer recht. Ein unerschöpfliches Thema bildete für ihn der Japanisch-russische Krieg. Er war auf Seite der Russen und da fast immer seine Tischnachbarn mit den Japanern sympathisierten, so kam es manchmal zu recht hitzigen Wortgefechten. Vor seiner Kritik war übrigens nichts sicher, überhaupt pflegte er sich möglichst plastisch auszudrücken. In der letzten Zeit waren es namentlich die Kämpfe um Port Arthur, die ihn lebhaft beschäftigten und zu recht explosiven Ausbrüchen verleiteten, noch dazu, da sich fast allabendlich ein Spaßvogel fand, der die Nachricht von einer Niederlage der Russen mit ins „Weiße" brachte. Dann mußte ihm Fanny, die rundliche Kellnerin, extra noch eine Maß in Reserve stellen, denn bei dem Redeschwall, mit dem er hierauf die Hiobsbotschaft als „Lug von den gelb'n Aff'n" charakterisierte, wurde ihm begreiflicherweise die Kehle trocken. Wegen seiner energischen Kriegführung am Biertisch hatte man ihm auch den Beinamen „General Bum-Bum" gegeben.

Eines Tages blieb sein Platz leer. Wieder eines Tages wurde der Wirt ans Telefon gerufen und ihm ein letzter Gruß des „Premiers" an die Tafelrunde mitgeteilt. Am Montag, den 17. Oktober 1904 verstarb er im Alter von fast 49 Jahren in seiner Wohnung in der Franziskanerstraße 11.

Jahrzehntelang hatte er eine und dieselbe Wohnung innegehabt, nur zuletzt gab es, weil er sich in der Küche Hühner hielt, Differenzen mit seinem Hausherrn. Durocher wollte ausziehen und war auf der Suche nach einer neuen Wohnung. Er konnte sich aber zu keiner entschließen. Der Tod hat ihn dieser Sorge enthoben.

Der „Professor der unentdeckten Wissenschaften"
(um 1900)

Er war ein gutmütiger Mann, der Professor, der viel Spaß verstand. Klein, bleich, die Wangen voller Blatternnarben, kluge Augen und ein spitzes Kinn, so sah er aus. Eigentlich war er kein Münchner, irgendwo stand seine Wiege; doch er gehörte zum Hofbräuhaus. Seine Stadtgeschichten von noch so geheimer Art waren immer aktuell und da er sie zur rechten Zeit zu erzählen wußte, erhielt er manche Einladung in bessere Gasthäuser und streckte damit seine nicht allzu große Rente oder Pension.

Seine Erzählungen bewegten sich meist um Essen und Trinken. Hatte er jemand gefunden, dessen Lieblingsthema auf der gleichen Ebene lag, dann konnte man den Professor über die deutsche Küche schimpfen hören. Sein einziger Wunsch sei nur noch einmal eine Meerspinne in Madeira zubereitet, wie er sie früher einmal sonntags genossen habe. London und Paris seien in dieser Hinsicht der deutschen Kochkunst weit überlegen. Auch verstehe man bei uns nicht einmal eine Schildkrötensuppe richtig zuzubereiten.

Der Wunsch nach der Meerspinne sollte ihm in Erfüllung gehen. Als er die dampfende Schüssel sah, rief er aus: „An dem herrlichen Geruch erkenne ich mein Lieblingsgericht!" Doch daß es nur der Ballhandschuh der Wirtstochter, in Madeira gekocht, war, glaubte der Professor selbst nach Jahren noch nicht und hielt es für Neckerei.

Große Beliebtheit errang sich der Sonderling auch durch Erzählungen aus seiner Gesandtschaftszeit in Afrika, bei den Negerstämmen, denen er neben einem fürchterlichen Aussehen die unglaublichsten Gewohnheiten andichtete. Und in vorgerückter Stunde gab er sein schönstes Reiseerlebnis preis: Die Sache mit dem Teich in Irland, den alte Weiber nach dem Bade als 18jährige Mädchen verlassen.

Der „Quastelmayer" Mayer von Mayerfels (um 1870)

Der Unteranger hatte beim Angertor, das in der Zeit zwischen 1851 und 1871 abgebrochen wurde, seinen Eingang. Links stand das Haus des bekannten Ritters Maria Mayer von Mayerfels, dem auch die Burg Schwaneck im Isartal gehörte. Wegen seiner Sammlung von Orden, Abzeichen und Pfeifenquasten wurde er „Quastelmayer" genannt. Orden suchte er sich auf jede nur mögliche Art und Weise zu verschaffen, um sie stolz zur Schau tragen zu können. Einmal badete er im Starnberger See, als Moritz von Schwind vorbeiruderte. Da rief ihm Schwind zu, ob er auch Wassertreten könne. Der Quastelmayer zeigte es ihm aus Leibeskräften. Schwind begnügte sich nicht damit und schrie: „Höher, noch höher, immer noch höher!" „Ja, warum denn?" rief der Erschöpfte. „Damit i seh', ob's Deine Orden beim Baden anhast!" erklärte ihm Schwind.

Die „Radi-Rosl" (gest. 1875)

Der Münchner Stadtchronist Ernst von Destouches schreibt am 25. November 1875: „Wieder ist eine sogenannte stehende Figur der Hauptstadt vom Schauplatz verschwunden: die sogenannte ‚Radi-Rosl', bekannt durch ihre unverwüstliche Heiterkeit, ihrem seltsamen Kopfputz, ist in Haidhausen mit Tod abgegangen."

Die Radi-Rosl war ein Hofbräuhausoriginal im wahren Sinne des Wortes: Wie die Nußkathl ihre Nüsse in den Gastwirtschaften feilbot, so verkaufte die Rosl ihre Rettiche im Hofbräuhaus. Wenn jemand zu ihr sagte: „Geh her, Rosl, i kauf Dir an Radi ab, aber singen mußt!" dann begann sie das Lied vom bayerischen Hiasl. Und da die Rosl auch dem Bier nicht abgeneigt war, sang sie schon für einen Schluck aus dem Maßkrug.

Als Xaver Krenkl zur Bocksaison im Mai auf dem Münchner Bockkeller, an der heutigen Münzstraße, das Wettrennen der Radiweiber einführte, da tat die Rosl ganz selbstverständlich mit und war auch einige Jahre unter den Preisträgerinnen.

Der „Rahmerlmann" Eduard Bachmayer (1839—1883)

„Ich bin am 19. November 1839 geboren und habe ein Vermögen von 9 700 Gulden, das aus 8 200 Gulden laut notariellem Kaufvertrag und aus 1 500 Gulden Erbteil von meinem Oheim Lorenz Wimmer in Landshut besteht." So schrieb der Konditor Eduard Bachmayer in seinem „Zuckerbaeckers-Conzessionsgesuch" vom 27. Juli 1863.

„Mit Rücksicht auf die bestehenden Verkehrs- und Absatzverhältnisse und mit Rücksicht darauf, daß bereits 31 derer Gewerbe hier vorhanden sind, welche 67 Gehilfen beschäftigen", wurde das Gesuch abgelehnt und erst nach einer Eingabe bei der Regierung genehmigt. Bachmayer bekam am 7. April 1864 die „Conzessions- und die Bürger-Aufnahme-Urkunde" und gründete ein Konditorgeschäft Ecke Karl- und Barerstraße. Er war damals der erste Münchner Konditor, der sich ein gerade

Münchner Radiweib.   Finessen Sepperl.

aufgekommenes großes Schaufenster zugelegt hat. Nach allerdings unbestätigten Angaben soll es nach unserem Geld 15 000 Mark gekostet haben.

Diese hohe Summe und der Schnaps brachten das gutgehende Geschäft ins Wanken. Bachmayer kam immer mehr herunter und mußte das Geschäft im Jahre 1873 aufgeben. Am 5.8.1873 beantragte er die Genehmigung zum Verkauf von kleinen Rahmen für Photographien, auf der Straße und in Wirtschaften. Seine Verwandten hatten ihm dazu verholfen, obwohl er in neun Jahren das ganz ansehnliche Vermögen, ohne das er niemals die Genehmigung zur Geschäftsgründung bekommen hätte, in Alkohol umgesetzt hatte.

Von nun an hausierte Bachmayer mit gepreßten Papierrähmchen, die ihm pro Stück zehn Pfennig einbrachten. Selten jedoch sah man ihn eines verkaufen, wenn er sie, durch die Gaststätten von Tisch zu Tisch laufend, anpries: ,,Sie kaffa nix. Sie kaffa a nix, ham S' wohl koa Geld?" Bis dann ein Gast Messer und Gabel weggelegt und seine Geldbörse gezogen hatte, war der ,,Rahmerlmann" schon wieder aus dem Lokal.

Zu spät kam er zur Einsicht, daß der Schnaps sein Untergang war. Ein Jahr vor seinem Tode, am 20. Februar 1883 in München, ließ er das Trinken und wollte mit seinen 43 Jahren noch einmal ein neues Leben beginnen. Doch da zog der Tod den entscheidenden Strich durch seine Rechnung.

Der Ramlo (um 1820)

Ein Zeitgenosse vom Finessensepperl und vom Prangerl war der Ramlo. Er war ein gottesfürchtiger Musikus, der im königlichen Hoforchester Viola spielte. Auf der Straße hatte er stets sein Instrument im Arm. Bis um 1820 war der Ramlo mit den weißgepuderten Haaren, einem dreieckigen Hütchen und einem spanischen Rohr in der Hand zu sehen. Dabei grüßte er alle Leute und besonders Kinder äußerst zuvorkommend. Seine fromme Gesinnung führte ihn oft in die Peterskirche oder auf den Gasteigberg, wo er vor dem Kruzifix kniete. In einer Schrift von 1840 heißt es abschließend: „Leider ist es dem frommen Ramlo nicht so gut geworden, wie jenem heiligen Musikanten, der unter einem Kruzifixe spielte, dessen Herrgott an den Füßen goldene Schuhe trug und dem Armen zulieb einen fallen ließ."

Der „Ratzenklauber Fichtl" (um 1480)

Um 1480 soll der Ratzenklauber Fichtl, ein städtischer Angestellter mit einem roten Mäntelchen, jährlich etwa 8000 Ratzen zur Strecke gebracht und sie beim Angertor verbrannt haben. Das sollte urkundlich nachweisbar sein. In allen einschlägigen Büchern aus dieser Zeit wurde genauestens gesucht. Es stellte sich heraus, daß es erst ab 1530 städtisch bedienstete Ratzenklauber gegeben hat und daß diese im Höchstfall im Vierteljahr 200–400 Ratzen erlegt haben, die sie „beim Isartor austrugen", also in die Isar warfen. Außerdem ist von einem roten Mäntelchen nirgends berichtet. Ein Ratzenklauber mit dem hohen Fangergebnis von 8000 Stück wäre bestimmt in den alten Ratsprotokollen erwähnt. Von 1567–1571 gab es einen Ratzenklauber M. Stöberlein und 1572 einen Jörg Stachel. Ab 1596 steht hinter der Bezeichnung Ratzenklauber kein Name mehr. Sicherlich handelt es sich bei dem Ratzenklauber Fichtl um eine sagenhaft gewordene Figur aus dem alten München.

Legationsrat Johann Ludwig Rheinwald (um 1830)

„Gar seltsame Herren fand man unter den Ministern, Staatsräten und hohen Beamten, die meist dem alten oder zuweilen wohl auch sehr frischen, meist vom Kurfürsten Karl Theodor verliehenen Adel angehörten. Da war z.B. der Staatsminister von Zentner, ein außerordentlich begabter Jurist, der verantwortliche Redakteur der Bayerischen Verfassung von 1818." So berichtet Dr. G. J. Wolf in den „Westermanns Monatsheften". Zentner galt als Begründer und Vorbild der bayerischen Bürokratie.

Ganz anders war sein Vorgänger, der verstorbene Geheime Legationsrat Johann Ludwig Rheinwald. Etwas Phantastisches und Komisches haftete ihm an, er war alles andere als ein Beamter im Biedermeierstil. Das war auch dem König Max wohlbekannt, aber er hatte Gefallen an dem Menschen, der sich so ganz auf eigene Weise, ohne Schablone sein Leben zimmerte. Nicht, daß der König eine besondere Wertschätzung für den Mann empfunden hätte, im Gegenteil; wenn er von der „dicken Sau" sprach, dann wußten die Hofbediensteten, daß damit der Herr Geheimrat Rheinwald gemeint war.

Sein Arbeitszimmer war von einer unbeschreiblichen Unordnung gekennzeichnet. Schon im Vorzimmer lagen Berge von Briefen, Bittschriften und Akten auf Stühlen und Tischen, im Einverständnis mit seiner vorgesetzten Behörde stillschweigend liegen gelassen. Unter verstaubtem und zerfetztem Papier lagen Gitarren, Weinflaschen, Gläser, Punschbowlen, vertrocknete Blumen. Rheinwald war ein Freund des Gesanges, der alten Poeten, des Trunkes und der schönen Frauen. Seine Amtsstuben waren Stätten manchen sorglosen Gelages.

Der Herr Legationsrat selber saß in absolut ungezwungener Kleidung mit offenem Kragen und demselben offenen Mund, als lächelte er nach einem Trunk, in seinem Stuhl. In der Stube aber liefen, als wären Parteien oder Bittsteller nicht da, Tänzerinnen und Sängerinnen umher, die Rheinwald begönnerte.

Vorzeitig pensioniert verließ Rheinwald die Stadt. Es ist nicht mehr festzustellen, wann und wo er gestorben ist.

Der Reiter Trink (um 1820)

Zur Zeit Max Joseph I. lebte der Bereiter Trink, ein jovialer Gesellschafter, der eleganteste und verwegenste Reiter Münchens. Trink war bei einem jungen vermögenden Reichsgrafen bedienstet, der in seinem Palais einen großen Marstall hielt. Trinks Stallmeister hatte eine Schwester, die er ihm gern zur Frau gegeben hätte. Als ihm Trink jedoch erklärte, daß er schon eine Braut habe, mußte er sich von seinem Stallmeister viel gefallen lassen. So auch an einem Sonntag, an welchem er zur Strafe Schule auf einem jungen Tscherkessenhengst reiten mußte. Trink brach mit dem Hengst aus und ritt zu seiner Braut. Als das der Reichsgraf erfuhr, freute er sich über die Reitkunst und ernannte Trink zu seinem Stallmeister.

Von da an war Trink eine stadtbekannte Figur. Man sah ihn fast täglich durch die Stadt reiten, wobei er allerlei Streiche mit und ohne Pferd lieferte. Viel Spott mußte er wegen seiner krankhaften Geldnot ertragen, die weniger davon herrührte, daß er gerne gut aß und trank, als daß ihn seine Frau scheinbar sehr kurz an der Kandare hielt. Sie mußte auch wissen, warum sie es tat, denn Trink neigte dazu, wenn ihm das Geld ausging, Schulden zu machen. Hauptsächlich im „Räsonnierhäusl", einer Wirtschaft am Jungfernturm, machte er hohe Zechen, die er nur sehr selten bar bezahlte.

Der „Reklamemensch" Hans Held (um 1910)

Um 1910 „arbeitete" der Reklamemensch Hans Held in der Werbung für alle möglichen Firmen. Angefangen von der Scherzpostkarte, bis zur Schuhcreme, pries er hunderterlei Artikel auf seine Art an. Von Kopf bis Fuß war er behangen, es gab kaum eine freie Stelle an seinem Anzug, die nicht zu Reklamezwecken ausgenützt war. Sogar der Hemdkragen und die Manschetten waren beschrieben. So lief er in der Stadt umher, ständig sein Hauptquartier wechselnd. Wovon er lebte und ob er von den Firmen dafür bezahlt wurde, ist unbekannt.

Der „Sägfeiler am Isartor" Deschermayer (um 1920)

„Deschermayer hoaß i und Eahna Sag werd net a so pressier'n!" So wurde jeder Kunde vom Sägfeiler am Isartor begrüßt, wenn er eine Säge zum Schleifen brachte. Mit scharfem Blick durch die Nickelbrille wurde die gebrachte Säge gemustert und mit einem lakonischen „Höchste Zeit!" auf einen Haufen bereits angenommener Sägen geworfen. Seine Kundschaft waren die Metzger mit ihren Knochensägen „aber auch a Dokto vo da Klinik laßt bei mir arbat'n", verkündete der Deschermayer stolz. Seinen Sägbock und Hocker holte seine Frau Punkt 4 Uhr ab, der Meister begab sich dann in den Sterneckerbräu im Tal!

Der Sägfeiler Robl (1850–1917)

Um die Jahrhundertwende und bis zum Anfang des ersten Weltkrieges machte der Robl von sich reden. Er war von Geburt ein urwüchsiger Niederbayer. 1850 kam er in Schwimmbach, im Bezirksamt Straubing zur Welt, als der Sohn der ehrsamen Händlerseheleute Josef und Maria Robl, geborene Dretzinger.

Wie der Schuhputzer Mayer in seinem Gewerbe in München bahnbrechend war, oder der Kuckuck den Münchnern zum erstenmal das Schaufenster als Reklamemittel zeigte, so fuhr der Sägfeiler Robl mit dem ersten selbstgebauten Geschäfts- und Transport-Fahrrad durch München. Nach ihm eigneten sich die Dienstmänner das Dreirad an und bald konnte man es fertig im Geschäft für alle möglichen Zwecke kaufen.

Es war im Jahre 1892, als sich der Robl in der Tegernseerlandstraße Nr. 45 im Erdgeschoß ein kleines Zimmer mietete. Damals war die Straße noch mit Pappeln bepflanzt und an ihr standen zwei lange Häuser, die so richtige Mietskasernen waren. Robl richtete sich in seinem Heim eine kombinierte „Wohn-Werkstatt" ein. An den verrußten Wänden hingen seine Werkzeuge und im Zimmer häuften sich Alteisen, Gummiteile, alte Gasrohre und Bleche, mit denen er drei bei einem Tandler erworbene Räder eines Fahrrades zu einem Geschäftsrad umbauen wollte. In monatelanger Arbeit gelang ihm das auch. Man muß schon zugeben, daß ihn die „Hausarbeit" viel aufgehalten hat. Er versorgte sich nebenbei selbst, wusch sich auch zum großen Ärger seiner Nachbarn seine Wäsche und hängte die halbgewaschenen Taschentücher samt dem Schmalzler vor sein Fenster. Wegen des Schnupfens übrigens bekam der Robl auch den Namen „Schmalzlerkönig".

Die ersten Probefahrten mit seinem Rad verliefen nicht ohne Zwischenfall. Die Giesinger Buben machten ihm viel Verdruß, noch mehr einmal der Giesinger Berg, der für die selbstkonstruierten Bremsen eben zu steil war. Robl kam noch gut dabei weg, als das Fahrzeug nach ziemlich schneller Abfahrt von einem Biergespann aufgehalten wurde.

Nachdem das Rad endlich fertig war, d. h. seinen Anforderungen entsprach, fuhr der Robl mit einem Kasten mit dem nötigen Werkzeug darauf, der Zukunft entgegen. Allein schon mit seinem Fahrzeug, noch mehr aber mit seinem Ruf: „Sääägfeil'n – Hooofabind'n!" erregte er viel Aufsehen und es dauerte nicht lange, da schrien es ihm die Buben nach. Die Hauptsache war, daß das Geschäft gut ging, wie er selbst sagte: „De Arbat hat se rentiert, des G'schäft hat eing'schlag'n!"

Die Buben, ganz gleich in welchem Stadtviertel, waren und blieben stets sein Verdruß. Manchmal mußte er von seiner „Werkstatt" absteigen – das Fahrzeug war so gebaut, daß er im Sattel sitzend feilen konnte – und ihnen nachlaufen. Nicht selten hat sich dann so ein Lauser mit seinem Heiligtum davongemacht.

In den ersten Kriegsjahren ließ das Geschäft sehr nach. Robl war noch dazu wiederholt im Krankenhaus. Als er wieder einmal gesund entlassen wurde, stellte er zu seinem größten Schrecken fest, daß man aus dem beim „Lüftenwirt" hinterstellten Dreirad die Sägfeile gestohlen hatte. Doch die Bezirkspflegekommission erbarmte sich und kaufte ihm eine neue. Mit Tränen in den Augen nahm sie der runzelige Alte mit seinem zerzausten, vom Schnupftabak gefärbten Spitzbart entgegen.

Einige Jahre vor seinem Tode brachten die Münchner Neueste Nachrichten ein Inserat, das „wegen Geschäftsaufgabe das Dreirad des Sägfeilers Robl, Frundsbergstraße 31/0 RG." anbot. Robl war zu alt geworden. Im Gasteigspital beendete er am 4. März 1917, nachmittags 2 1/2 Uhr, sein arbeitsreiches Leben. Für sein mühsam erbautes Geschäftsrad fand sich kein Käufer, es wird genau wie sein Besitzer still und verlassen den Weg alles Irdischen gegangen sein.

Der „Seiler-Wastl" (um 1850)

Ein Zeitgenosse vom Rahmerlmann (1839–1883) war der Seiler Wastl. Die beiden hätten leicht verwandt miteinander sein können, denn es ist schwer festzustellen, wer von ihnen weniger getrunken hat. Auch hatte der Seiler Wastl ein ähnliches Schicksal. Früher einmal war der Wastl Seiler von Beruf gewesen und hatte große Fertigkeit in der Herstellung von Taschen, Schuhen und Lederwaren. Das Bier sagte ihm aber mehr zu als die Arbeit und so kam es, daß er jeden Pfennig „verflüssigte". Er war ein Sumpfhuhn erster Güte, der das ganze Jahr einen Rausch hatte. Die älteren Polizisten kannten ihn schon, sie kümmerten sich nicht mehr um ihn. Wenn ihn aber ein Junger aufgriff, dann konnte es passieren, daß der Wastl an einem Tag gleich dreimal ins Wachlokal geschleppt wurde.

Es war nicht leicht, dem Wastl irgendwie unter die Arme zu greifen. Geld durfte man ihm keines geben, sonst hätte er es gleich wieder in Bier verwandelt. Auch der Wirt vom Donisl hatte es einmal versucht. Er setzte den Wastl in eine stille Ecke des Lokals, beschaffte ihm Material, gab ihm gut zu essen und ließ ihn arbeiten. Dabei bewies er seine Fähigkeiten. Der Wirt war begeistert von den schönen Jagdtaschen, Geldbörsen und Mappen, die der Wastl mit großem Fleiß und Geschicklichkeit anfertigte. Eine verhältnismäßig lange Zeit schien es gut zu gehen. Aber wenn der Wastl halt wieder was verkaufte, dann war's wieder aus mit ihm und das wurde auch auf die Dauer seinem wohlmeinenden „Vormund" zu dumm.

Was mit dem Wastl geschehen ist und wie er endete, weiß man nicht. Er wird wohl, wie sein Zeitgenosse, der Rahmerlmann, arm und heruntergekommen, diese Welt verlassen haben.

Die „Sendlingertor-Resl" (gest. 1908)

Auch unter den Straßenkehrern und ihren weiblichen Berufsgenossen gab es „sonderbare Heilige". Eine von ihnen war die Resl vom Sendlingertor. Nur wenige wußten zu ihren Lebzeiten, daß sie Therese Glas hieß. Doch das tat nichts zur Sache, wenn ihr Name genannt wurde, dann sahen die Münchner ein „zaundürres Weiberl" von kleiner Gestalt. Rund 50 Jahre stellte die Resl ihre „Kräfte" der Stadt zur Verfügung. Ihr Reinigungsrevier hatte die Resl in der Gegend um das Sendlingertor, daher auch ihr Spitzname. Der derbe, jedoch urwüchsige Humor machte sie zu einer lokalen Berühmtheit. Ratsam allerdings war es nicht für Fremde, wenn sie

Sailer Wastl

Hochdeutsch sprachen und nicht die gleiche Meinung wie die Resl hatten. Sie wurde zwar nie tätlich, versuchte aber manch Uneingeweihten mit dem drohend geschwungenen Besen zu verscheuchen. Die Ausdrücke, die sie dabei gebrauchte, waren nur einem Ortsansässigen verständlich, das war auch gut so, denn die Münchner lachten über sie und mancher Fremde wäre, hätte er sie verstanden, beleidigt gewesen.

Viele Jahre hat die Resl im Anbau vom Sendlingertor gewohnt. Stolz erzählte sie, daß man das Tor, als es um 1900 abgebrochen werden sollte, beim Magistrat mit ihr verglich und daß es eben nur ihr zu verdanken sei, daß es noch stünde. Noch mehr bildete sich die Resl darauf ein, daß Professor Hauberrisser, der Erbauer des Rathauses, eine „Büste" von ihr anbringen ließ. Neben elf anderen Münchner Figuren fungiert die Resl bis auf den heutigen Tag als Wasserspeier am zweiten Lauf der Wendeltreppe im Prunkhof. Für alle Zeiten muß sie nun ihren Mund, den sie nie gern

geschlossen hielt, offen halten. Bei vielen Faschingszügen ging die Resl in voller Ausrüstung, das heißt mit Besen und Schaufel mit und als sie längst tot war, bildete sie immer wieder ein dankbares Vorbild für Veranstaltungen, bei denen es lustig zuging.

In den letzten Jahren kränkelte die Resl und konnte bald nicht mehr für die Sauberkeit ihres Reviers sorgen. Am Samstag, den 8. August 1908 wurde die 80jährige Taglöhnerswitwe Therese Glas im östlichen Friedhof zur ewigen Ruhe bestattet.

Der Scheßl-Schorsch (um 1930)

Im September 1929 wurde die Redaktion einer Münchner Zeitung eingeladen, im Gasthaus „Zur Fraunhoferbrücke", in der Auenstraße 10 ein „Bier-Wunder" zu besichtigen. Herr Willibald Stiegler, der Wirt, zeigte den Zeitungsleuten den Mann, der jeden Tag 40 Maß Bier zu trinken pflegte.

Er hieß Georg Scheßl, war Parkettbodenleger und konnte sich auf Grund seines Akkordlohnes anscheinend dieses Quantum leisten. Und da der Wirt mit seinem Zecher, von denen er sich täglich nur drei wünschte, vollauf zufrieden war, schloß er mit ihm eine Sondervereinbarung: Jede sechste Maß brauchte der Schorsch nicht zu bezahlen. Scheßl war auch in puncto Bezahlen eine Ausnahme. Er trank nie „Tafelbier", das heißt, er ließ keine Maß aufschreiben, sondern bezahlte stets seine Zeche. Auch erregte er nie Aufsehen. Er saß in seinem Eckerl und spielte den stillen Genießer. Genau so zufrieden wie der Wirt waren auch die Schutzleute, nie mußten sie auf dem Heimweg gegen ihn einschreiten. Ebenso wenig konnte sich aber auch der Arbeitgeber vom Schorsch beklagen. „Da gibt's fei nix, bei der Arbeit war i no immer pünktli!" Zwei Stunden nach Arbeitsbeginn, um neun Uhr, trank er die ersten zwei Maß (auf einmal!), dann ging's langsam weiter. Bis Mittag hatte der Schorsch seine zehn Maß beieinander. Nachmittags um drei Uhr kamen dann wieder zwei Maß und noch ein paar bis Feierabend. Punkt halb fünf Uhr saß der Schorsch schon wieder am Stammtisch.

Und nun sollen abschließend die Herren der Zeitung zu Worte kommen, die den Schorsch damals interviewten: „Das eine ist sicher: der Mann besitzt Konsequenz. Sein Leben hat einen Inhalt und sein Magen auch, wenn er nachts heimgeht. Außerdem demonstriert er die ‚Bayerischen Belange'. Man muß schon einen Appell an die zuständige Löwenbrauerei richten, die Verdienste dieses Mannes durch Spendierung eines vollen Faßl zu würdigen. Das würde dem Georg Scheßl ebensoviel bedeuten, wie ein Denkmal auf dem Marienplatz."

Der Scheßl-Schorsch

Valentin Scheuring (um 1920)

Der Doppelgänger König Ludwigs III., Valentin Scheuring. Er ging in der Uniform des Roten Kreuzes, mit Schirmmütze und Ledergamaschen, durch die Gaststätten und verkaufte Lose für das Rote Kreuz.

Der „Schichtl-Vatta" (1851–1911)

Am 18. Februar 1911 wurde der Direktor und Theaterbesitzer Michael August Schichtl im Waldfriedhof zu Grabe getragen. Völlig unerwartet verstarb er in einer lustigen Gesellschaft im „Tannengarten", bei der Hochzeit seines Neffen. Ein schier endloser Zug von Freunden und Kollegen begleitete den erst 60jährigen zur letzten Ruhestätte. „Sein Begräbnis gestaltete sich zu einer imposanten Trauerkundgebung", schrieb eine Münchner Zeitung.

Mit 58 Pfennigen in der Tasche hat der gelernte Korbmacher, kurz nach seiner Heirat im Jahre 1879, sein eigenes Unternehmen gegründet. Mit unendlicher Mühe und Plage zog er durchs Land, bis es ihm gelang, das Zaubertheater auf die Höhe zu bringen, das dann viele Jahre lang überhaupt die beliebteste Attraktion des Oktoberfestes war. Schichtl stammte aus einer Familie, die in mehreren Geschlechtern Dulten und Jahrmärkte besuchte, so war es kein Wunder, daß es auch ihn unter die „fahrenden Leute" zog. Papa Schichtls Großeltern waren Wanderkomödianten, sie zeigten sich mit abgerichteten Vögeln und mechanischen Puppen. Seine Tochter stand als „Miß Wanda" auf dem Schlappdrahtseil, statt der Balancierstange schwang sie eine brennende Petroleumlaterne oder einen japanischen Schirm. Die jüngeren Brüder Schichtls hatten ein Kasperltheater, das aber mehr von Erwachsenen als von Kindern besucht war.

Auf der Höhe seines Lebens holte ihm der Sensenmann, mit dem er so oft seinen Spuk getrieben, seinen Zauberstab aus der Hand. Noch viele Jahre nachher versuchte man unter dem, in ganz Deutschland bekannten Namen, das Theater weiterzuführen. 1921 gab es sogar zwei „Schichtl-Theater" auf der Wies'n – aber es war nicht mehr „der" Schichtl.

Johann Schiltberger (14. Jahrhundert)

Ein Original ganz besonderer Art war der Münchner Bürgerssohn Johann Schiltberger. Er zog als Dienstbube des bayerischen Ritters Richartingen im Jahre 1394 gegen die Türken. Als Gefangener wurde er, wegen seiner Jugend am Leben gelassen, Läufer des Sultans und mußte sich an seinen Feldzügen beteiligen. Zum zweitenmal in Gefangenschaft geraten, wurde Schiltberger Sklave des Mongolenfürsten Tamerlan, bei dessen Kriegsfahrten er Indien, Persien und die Tartarei kennenlernte.

Schichtl

Nach 25jähriger Sklaverei kehrte er in die Heimat zurück und als der Bayernherzog Albrecht III. von dem weitgereisten jungen Manne erfuhr, nahm er ihn in seinen Dienst als Kämmerling. Von den Münchnern nicht wenig bestaunt las er aus seinem Reisetagebuch vor. Viel Glauben schenkte man ihm nicht und bezeichnete ihn als Aufschneider. Auch durch seine Absonderlichkeiten erregte Schiltberger viel Aufsehen. Er hatte sich manche asiatische Sitte zu eigen gemacht. Die Münchner nannten ihn allgemein den „deutschen Marco Polo".

In seinen Reisebeschreibungen berichtete Schiltberger von Leuten, die ein Alter von 350 Jahren erreicht haben sollen, von einem Riesen, der auf einmal so viel Holz tragen konnte, daß man damit alle Backöfen von Kairo heizen konnte und der dann die 12 000 Brote auf einen Sitz verzehrte. Schiltberger versah diese so unwahrscheinlich klingenden Tatsachen mit der Bemerkung: „Und wär es nit war, oder daß ich es nit gesehen hätt, ich wöllt es nit reden noch schreiben."

Die „Schlüsselfrau" Thekla Foag (1868–1942)

Wenn man früher einen Schlüssel verloren hatte und schnell einen neuen brauchte und sämtliche einschlägigen Geschäfte erfolglos besucht hatte, dann war die letzte Hoffnung der Kustermann am Rindermarkt. Passierte es nun, daß man auch hier die Achseln zuckte, dann gab einem der Verkäufer vertraulich den Rat: „Versuchen Sie's bei der Schlüsselfrau!" Bei ihr wurde man nie abgewiesen. Sie besah sich die Länge des Schaftes und den Bart, überlegte kurz und nahm einen schweren Bund vom Nagel. Mit den Worten: „A Zwanzgerl", hielt sie dem Staunenden den passenden Schlüssel hin.

Seit vielen Jahren betrieb Fräulein Thekla Foag in der Blumenstraße 14 ihren Laden, der im Gewerberegister als „Schlüssel, Altmetalle und Trödlerei" eingetragen war. Laden war eigentlich zuviel gesagt. Es war lediglich ein Hausgang, der nach hinten abgetrennt war und nach der Straßenseite durch zwei Flügeltüren abgeschlossen wurde. Fräulein Foag stand immer auf der Straße, der „Geschäftsraum" war so überfüllt, daß für sie im Innern gar kein Platz gewesen wäre.

Die Thekla, wie sie unter den Fachkundigen hieß, war eine zierliche Frau. Die großen Ohren und die kurzgeschnittenen, blonden Haare ergänzten ihre männlichen Gesichtszüge. Wegen ihrer stillen, zurückgezogenen Art kam sie nie zum Heiraten, obwohl sie oft dazu Gelegenheit gehabt hätte. Manchen Hochzeiter mag das schöne Haus, das ihr gehörte, gedrückt haben. Sie sei in jungen Jahren enttäuscht worden und brauche im Alter keinen Mann mehr, sagte sie. Sie schlug sich auch alleine durch. Ihr Geschäft hatte im Laufe der Zeit geradezu Berühmtheit erlangt. Ihre Kunden wurden gut bedient. Wenn einer kein Geld hatte, dann bezahlte er ganz einfach mit ein paar alten Schlüsseln, die sie genau so gerne nahm. Auch in den Zeitungen erinnerte die Thekla die Münchner, daß man bei ihr jeden Schlüssel haben konnte.

Die Thekla, am 10. Juni 1868 in München geboren, starb am 21. Januar 1942 in ihrer Heimatstadt.

Schlüsselfrau von der Blumenstraße

Der „Schokoladenapostel" (um 1920)

Böse Zungen erzählten von der Villa, die der Apostel sich schon erworben habe, von dem Auto, in dem er morgens zwischen zwei und drei Uhr in das berüchtigte Hakenviertel an der Isar rollte. Abends wankte er mit seinem Schokoladenkasten durch die Türkenstraße, wo der rote Mops der Simplizissimuskneipe auf ihn lauerte und die Kathi Kobus nach wie vor von den Vorteilen einer früheren Epoche träumte. Hier hatte er sein Stammquartier. Zwischen Eisschrank und Theke, auf Bierflaschen kauernd und dem Genuß eines großzügig gestifteten Schnitzelrestes hingegeben, wartete er auf die Programmpause. Er kannte alle Leute, gab auch solchen, die er nicht kannte, die Hand und erkundigte sich nach den Familienverhältnissen. Künstlern und solchen, die es sein wollten, offerierte er Pfefferminzpillen, das Päckchen zu zehn, besser situierten Herrschaften Mokkabohnen, Bonbonnieren und Propeller. Mit den Propellern hatte es seine Bewandtnis. Gefielen sie jemand, dann bekam er seinen „Propellerkomplex", d.h. er bezeichnete sich als den Erfinder der Luftschraube. Ungeachtet dieser Tatsache war er ein fleißiger und ordentlicher Mensch, der den lieben langen Tag über Propeller schnitzte und sie abends verkaufte.

Über dreißig Jahre war er unter dem Spitznamen „Schokoladenapostel" in vielen Lokalen wohlbekannt und genoß mit seinen biblischen Locken das Ansehen eines erfahrenen Mannes. Unterhielt man sich mit ihm, dann konnte man erfahren, daß er schon bessere Tage gesehen habe und er heute als Erfinder eine hervorragende Rolle spielen könne, wenn nicht durch Schicksalsschläge seine wissenschaftliche Entwicklung eine Unterbrechung erfahren hätte.

Neben der Tätigkeit des Propellerschnitzens und der des Schokoladenverkaufs befaßte sich der Apostel noch mit dem Siedlungsproblem, das er an Hand eines unmöglichen hölzernen Modells zu erklären versuchte, und mit dem Weltfrieden. Über diese Ideen ließ er stets die Interessenten im unklaren, mußte er doch befürchten, daß sie ihm irgend jemand, der sie verwirklichen könnte, abschaute!

Der „Schuhputzer vom Karlstor" Xaver Mayer (1840—1920)

Wie eine Gestalt, die aus dem Rahmen eines Spitzwegbildes herausgesprungen ist, so saß er Jahrzehnte lang unter dem Karlstor, der alte Schuhputzer Xaver Mayer. Am 26. Oktober 1840 war er in Dünzelbach als Sohn nicht gerade begüterter Eltern geboren worden. Eigentlich hatte er das Uhrmacherhandwerk erlernt. Warum er es nicht „hauptberuflich" ausgeübt hat, darüber hat er nie gesprochen.

Millionen von Menschen mögen an ihm vorübergegangen sein, er hat sich in seiner wortkargen und verschlossenen Art kaum um sie gekümmert. Den Leuten hat er weniger aufs Gesicht, als auf die Füße geschaut. Schlecht geputzte Schuhe waren ihm ein Greuel und jedem, der an ihm mit ungeputzten Schuhen vorüberging, wurde er mit seiner stets bereiten Bürste in der Hand zum mahnenden Gewissen. Wenn einer dreckige Stiefel hat, pflegte er zu sagen, nacher nützt ihm der schönste Anzug nichts. Der Fisch muaß schwimma, der Stiefel muaß glanzen! Im allgemeinen war er recht zufrieden, aber wenn ihn jemand hänselte, dann war er wild und in Giesinger Redewendungen, er soll dort seine Jugend verlebt haben, war er besonders beschlagen. Auch Neugierige mochte er nicht leiden. Mancher Naseweis hat sich an dem alten Mann zu reiben versucht, er hat aber jeden abgetrumpft.

In der ersten Zeit — er ist auf dem Gebiet der Schuhputzer „bahnbrechend" gewesen — ist sein Geschäft nicht besonders gegangen. Er konnte die Münchner nicht recht von der Notwendigkeit der glänzenden Schuhe überzeugen. Deshalb hat er viel freie Zeit gehabt, und die hat er, fleißig, wie er war, mit der Reparatur von Uhren ausgefüllt. Und heute spricht man noch davon, daß ihm manche alte Uhr nur deshalb zur Reparatur gegeben wurde, um aus ihm einige Worte herauszubringen. War ihm aber einer zu gesprächig und wissensdurstig, dann riet er ihm, die Uhr zum Huber zu bringen, denn er habe keinen neuen Zylinder auf Lager und dieser sei leider gebrochen.

Ein Berliner hat ihm einmal während des Schuhputzens erzählt, in Berlin hätte ein Schuhputzer Nebenbeschäftigung nicht nötig. „Ich auch nicht", antwortete Mayer, „ich habe das glänzendste Geschäft von ganz München." In den letzten Jahren vor dem ersten Weltkrieg hat er gut verdient und sich auch hie und da einen guten Tag gegönnt. In den zwanziger Jahren allerdings, im achtzigsten Lebensjahr, blieb er bei ungünstigem Wetter manchmal zu Hause. So kam es, daß seine Stammkunden erst Wochen nach seinem Tode, am 4. August 1920, erfuhren, daß der gute Alte ihre Schuhe nicht mehr „glanzat macha" kann.

Der „Schwedenfresser" Schneidermeister Murringer (um 1632)

In der Zeit des Dreißigjährigen Krieges wohnte in der Löwengrube der Schneidermeister Murringer. Er lief oft zum Marienplatz und schwang Reden, daß er die Schweden, wenn sie in die Stadt kämen, alle mit seiner Schere erstechen und den Gustav Adolf „auf's Kraut nauf fressen werde". Als es dann wirklich so weit war und Gustav Adolf 1632 in München einzog, da versteckte sich das tapfere Schneiderlein in den hintersten Winkel des Peterturmes und ließ sich erst wieder sehen, als die Soldaten abrückten. Daß er sich natürlich viel Spott bieten lassen mußte, ist verständlich. Seit dieser Zeit hieß der Schneidermeister Murringer: „Schwedenfresser".

Steyrer Hans „Der Bayerische Herkules" (1849—1906)

Am 24. Juni 1849 in Allach geboren, kam der Steyrer Hans, wie fast alle bayerischen Kraftmenschen, aus dem Metzgerhandwerk. Als Lehrling schon war er wegen seiner ungewöhnlichen Körperkräfte gefürchtet. Kälber und Jungvieh schienen für ihn nur Kaninchengewicht zu besitzen, er spielte sich mit ihnen wie mit Hanteln. Seine Übungen im Steinheben begann er als Metzgergehilfe in der „Alten Wirtschaft" in Lenggries. Als er damit überall Aufsehen erregte, entschloß er sich, seine Kunst öffentlich zu zeigen. In München trat er zuerst in der „Westendhalle" in der Sonnenstraße auf, worauf er Engagements bekam, die ihn nach Wien, Berlin, Hamburg und in mehrere große Städte Deutschlands führten. Später, 1880—1885, nachdem er es im Heben auf 528 Pfund gebracht hatte, dehnte der Steyrer seine Reisen ins Ausland aus und zeigte sich in Paris und Amsterdam. Gerne wollte er nach Amerika, doch hielt ihn die Furcht vor der Seekrankheit von diesem Plan ab. Unbesiegt kehrte er nach München zurück, heiratete eine Tochter des Schweinemetzgers Schäfer, übernahm mit seinen reichlichen Reiseerträgnissen eine Wirtschaft zunächst in der Lindwurmstraße, dann in der Bayerstraße und zuletzt in Obergiesing, wo sein „Tegernseer Garten" bald Sammelpunkt aller Kraftmenschen wurde. Während dieser Zeit war der Steyrer Hans viele Jahre Wirt auf dem Oktoberfest, wo er sein „Kraftbier" verzapfte. Zur Eröffnung fuhr er mit seinen kostümierten Kellnerinnen immer in Zweispännern hinaus, er selbst in der Tracht eines Altmünchner Wirtes. Anfänglich beanstandete die Polizei seine „öffentlichen Aufzüge", später ließ sie aber den gemütlichen Wirt gewähren.

Der Steyrer Hans war ein untersetzter, aber ungeheuer starker und kräftiger Mann, dessen Name allein schon allgemein Respekt einflößte. Wenn er die stärksten Hufeisen in der Hand zerbrach, mit Kanonenrohren jonglierte, oder ein Pferd mit einem Wagen über sich hinwegfahren ließ, so hat er damit Gesprächsstoff für eine halbe Welt geliefert. Seine Glanzleistung war, ein mit 30—40 Litern gefülltes Bierfaß mit Daumen und Zeigefinger der rechten Hand vom Boden auf den Schanktisch zu stellen. Einen Stein von 385 Pfund hob er mit dem Mittelfinger am Eisenring, niemand konnte sich die von ihm dafür gebotenen 1000 Mark holen. Auch als lebendiges Reck zeigte sich der starke Hans, wobei er an einer mit ausgestreckten Armen gehaltenen Stange seinen 12jährigen Sohn turnen ließ. Mit seinem Körpergewicht von fast zweieinhalb Zentnern und seinem vierzig Zentimeter langem Schnurrbart war es natürlich kein Wunder, daß der Münchner Volkswitz von ihm behauptete, „er hätte Oachkatzln g'schnupft". Steyrer besaß sehr „handliche" Spazierstöcke, einer davon wog 20 Pfund und befindet sich heute im Valentin-

Musäum. Mit ihm soll er einmal in Paris in einem Café verschiedene Marmortische in ihre Bestandteile aufgelöst haben. Die Kellner kamen gerannt und ein Polizist wurde geholt. Den aber trug der Steyrer Hans mit einem Arm vor die Tür und sagte in reinstem Französisch: ,,Boschur, Mosiöh! Vulewu noch mehr?" Auch sein Regenschirm hatte ein Gewicht von ,,nur" 10 Pfund gehabt. Mit seiner Schnupftabaksdose, die nicht weniger als 43 Pfund wog, vom Umfang einer Zigarrenschachtel, bot er Freunden und Bekannten mit eleganter Handbewegung eine Prise.

Die Kraftwerkzeuge des Steyrer Hans waren noch lange beim Metzgerbräu im Tal zu bewundern. Am Stammtisch der ,,Jungen Athleten" hing viele Jahre ein Plakat: ,,Für starke Männer stehen im Gang rückwärts die beiden Originalsteine des Steyrer Hans mit je 508 und 528 Pfund zur Verfügung."

Der bayerische Herkules verstarb am 25. August 1906 und um die gleiche Stunde, als man ihn in den alten Teil des Ostfriedhofes zur letzten Ruhe bettete, versammelte sich ebenfalls im Ostfriedhof eine tausendköpfige Menge um das Grab, das dem Welsch Anderl, dem ebenso populären Komiker vom Apollotheater geschaufelt worden war. Welsch sang oft von seinem ,,Kollegen":

> ,,Unser Bayerland schaut jetzt mit Stolz auf an Mann,
> der mit oam Finger glei' vier Zentner heben kann,
> a Kraft g'hört dazua: des Ding kannt ia a,
> wenn i statt der Welsch der Steyrer Hans war."

Das „Taubenmutterl" Therese Schedlbauer (1853—1940)

Einen schweren Futtersack auf dem Rücken und ein Henkelkörberl am Arm, so lief sie fast 35 Jahre lang durch die Stadt. Sie gehörte zum Straßenbild wie ihre Tauben zum Odeonsplatz. Das war das Taubenmutterl, oder die Taubenmarie, wie sie auch genannt wurde, obwohl sie eigentlich Therese Schedlbauer hieß und selbst nicht wußte, wie die Münchner auf die „Marie" kamen. Die Theres war wohl eine der bekanntesten Stadtfiguren, aber nicht nur in München selbst, sondern auch anderswo. Das bewiesen schon die vielen Briefe und manchmal auch Pakete, nicht selten aus dem Ausland, die ganz einfach „An das Münchner Taubenmutterl" adressiert waren.

Die Theres, das dürftig, aber sauber gekleidete Weiberl mit dem schneeweißen Kopf und dem Häubchen mit verblaßter Silberstickerei aus alter Zeit, war am 12. Oktober 1853 in Scherleithen bei Hengersberg geboren. Schon mit sieben Jahren hatte sie ein Tierparadies, das 8 Hunde und 18 Katzen und eine Unmenge kranker Vögel umfaßte. Ihre Eltern, Josef und Marie Petermüller, hatten ein kleines Bauerngut. Die Theres war von frühester Jugend an ein wenig schüchtern und zurückgezogen und sehr fromm und, wie sie selbst einmal sagte: „fast ebenso oft in der Kirche zu treffen, als am Mittagstisch". Deshalb hat sie auch ihr Mann, der Wirt Johann Schedlbauer von Außenzell bei Hengersberg, allen anderen vorgezogen und zur Frau genommen. Sie hatten neben der Wirtschaft einen ganz ansehnlichen Hof mit 30 Tagwerk Grund und fünf Stück Vieh. Aber bald starb ihr Mann und ohne ihn wollte sie nicht weiter wirtschaften, so verkaufte sie. So kam die Theres etwa um 1904 nach München.

Die Tauben, die auch damals schon auf vielen Kirchtürmen Münchens nisteten, erregten bald die Aufmerksamkeit der Tierfreundin. Und so fing sie an, die Tauben zu füttern. Immer mehr Futterplätze wurden es und mit zunehmendem Alter wurden auch ihre Wege immer weiter. Mit 83 Jahren brachte es das Taubenmutterl schließlich auf 42 Futterstellen, die sie täglich besuchte. Wo sie das Geld dazu hernahm? Ab und zu bekam sie ein paar Mark von den Tierfreunden oder die Fremden kauften ihr die Ansichtspostkarten aus dem Körbchen ab und gaben ihr statt der zwanzig Pfennig ein bißchen mehr. Auch hatte sie in ihrem Korb ein wenig Hausierware: Heftpflaster, Sicherheitsnadeln und Schnürbandln, mit denen sie abends durch die Wirtschaften ging.

Doch die paar Pfennige reichten der Theres immer nur zu neuem Futter. Sie selbst darbte und litt gelegentlich Hunger. Was hatte sie schon davon, daß ein Bildhauer sie modellierte, ein Maler sie malte? Sie bekam dafür nicht einmal Modellgeld; sie tat es, um den Künstlern einen Gefallen zu erweisen. Sie war aber auch zu gutmütig. So verkaufte sie die Postkarten um 20 Pfennig, die sie um 18 Pfennige vom Photographen bezog. Nur eine zeitlang ging es ihr einmal gut. Da mußte sie im Oktober 1934 jeden Tag auf der Bühne im Kolosseum erscheinen, auch die Gage, auf die sie äußerst stolz war, setzte sie in Taubenfutter um.

Wenn sie auf ihrer Wanderung zu den Futterplätzen auf Tierfeinde stieß oder nur zu stoßen glaubte, dann hatte sie allerlei „zärtliche Worte" aus dem Wortschatz ihrer Heimat bereit, die zum Glück die Fremden nicht verstanden. Mehrere Male mußte sich die Tochter im Rathaus für die alte Mutter entschuldigen, weil die Theres zufällig einen Stadtrat elend zugedeckt hatte. Wehe dem Straßenkehrer, der versuchte, das frischgestreute Futter wegzufegen!

Die Schlagfertigkeit der Theres ließ mit zunehmendem Alter keineswegs nach. Man konnte sogar manchmal den Eindruck gewinnen, daß sie sich gerade auf Grund ihres Alters „etwas mehr herausnahm". Auch die körperliche Frische schien nie zu erschlaffen. Zwar sah man sie wenige Jahre vor ihrem Tod ihren Futtersack in einem ächzenden rohrgeflochtenen Kinderwagen schieben, die alten Schultern waren zu schwach geworden für die Last.

Am 30. August 1940 ließ die 87jährige ihre Tauben für immer allein. Aber selbst in der Stunde ihres Todes bat sie noch, man solle auf ihrem Grab eine Futterstelle für die Tauben errichten: „Damit i net allein sein muaß. Damit's um mi san." Als man sie am 2. September im Waldfriedhof zu Grabe trug, da gaben ihr Hunderte von Münchnern, darunter viele Mitglieder des Tierschutzvereins, das letzte Geleit.

Das „Trambahnpfeiferl" Ignaz Lumberger (gest. 1903)

Fürs Leben gern wollte der Iganz Lumberger schon in jungen Jahren zur Trambahn. Ja, wenn er halt auch wie andere Leut gewesen wäre, dann hätten s' ihn schon genommen. Seine Gestalt war etwas verschoben, seine Ohren übernatürlich groß, vielleicht wurden sie auch nur durch den zu großen Hut so herabgedrückt; aber seine Hände hatten ihre Fleischplattengröße schon von Geburt an. Wie gesagt, schon früh ging ihm die Trambahn im Kopf herum. In der Wirtsstube seines Vaters schob er Bänke und Stühle zusammen und „fuhr" mit den Gästen. Das Kassieren war ihm dabei weniger wichtig, es lag ihm mehr an der „technischen" Seite.

Und die hatte es ihm auch in späteren Jahren angetan. Er machte sich selber zum Fahrdienstleiter und hielt sich vom frühen Morgen bis zum späten Abend an verkehrsreichen Strecken und Knotenpunkten auf. Manchmal hatte er, bis es ihm ein gestrenger Herr der Direktion verbot, eine blaue Mütze auf dem Kopf und — wohl die Hauptsache für ihn — eine Signalpfeife umgehängt. Mit dieser gab er nach der Art des Fahrdienstleiters, mit erhobenem Arm, den anfahrenden und abgehenden Trambahnen die Zeichen. Der hauptsächlichste Wirkungsbereich des Trambahnpfeiferls war am Gasteigbergl. Mit der Pünktlichkeit eines „echten" Trambahners und mit dem gleichen Verantwortungsbewußtsein ging er hier zum Gaudium der Passanten und des ihm wohlgesinnten Fahrpersonals seinem nie erreichten Berufe nach.

Daß ihm die Trambahner gut gesinnt waren bewiesen sie bei der Beerdigung ihres „Kollegen". Am 25. September 1903 trug man den 48 Jahre alten Wirtssohn Iganz Lumberger im Südlichen Friedhof zu Grabe. „Unter den Leidtragenden", so schreibt der Chronist, „befanden sich auch Trambahner in Uniform".

Der „Turmwächter von St. Peter" Stefan Wimmer (1875—1946)

Über dreizehn Jahre stand Stefan Wimmer „über" den Münchnern. Am 3. März 1875 in Mauggen, Kreis Erding, geboren, kam er im Jahre 1911 nach München, arbeitete neunzehn Jahre bei der Firma Pössenbacher und wurde 1930 Turmwächter von St. Peter.

Jeden Tag stieg Wimmer, meistens von seiner Frau begleitet, in der Frühe die 285 Staffeln, 86 m hoch, zum Turm hinauf und zeigte den Besuchern den Rundblick. An klaren Tagen, wenn man das Gebirge sah, konnte der Turmwächter jeden Berg beim Namen nennen und innerhalb der Stadt gab es wohl kaum einen Punkt oder ein Haus, das er nicht wußte. Besonders beliebt war er bei den Fremden. Wenn es Ausländer waren, redete er sie ausnahmslos mit „Monsieur" an, bis ihn einmal seine Frau darauf aufmerksam machte, als ein Engländer kam: „Stefan, des is ja koa Musiöh, des is a Mister!" Von da an stellte er am Anfang seiner Erklärung die Frage, ob der Fremde ein Mister oder ein Monsieur sei.

Der Besuch sei immer, besonders an schönen Tagen, gut gewesen, sagte seine Frau. Man müsse bedenken, daß Wimmer von den 30 Pfennigen der Besucherkarten nur zehn bekam und trotzdem ganz schön verdiente. Mit der Zeit hatte der Türmer seine Stammgäste, die immer wieder zu ihm hinaufstiegen. Darunter befanden sich auch viele Ausländer, die sich von dem „redseligen Mann aus dem Volke" nicht nur den Rundblick zeigen, sondern auch sonstige Neuigkeiten seit ihrem letzten Stadtbesuch erzählen ließen. Wimmer wußte ja überall Bescheid. Er las viele Zeitungen und orientierte sich täglich über die Preise und das Angebot auf dem nahen Viktualienmarkt. Als er einmal, es war im Jahre 1936, von der Fleischknappheit berichtete, klagte ihn der Staatsanwalt wegen Unzuverlässigkeit an. Da Wimmer noch dazu bei schönem Wetter die weiß-blaue Fahne an das Plattformgitter band, genügte es, um ihn vom Turm herunter zu verhaften und vierzehn Tage festzuhalten.

Schweren Herzens mußte er zusehen, wie sein Turm durch die beiden Fliegerangriffe schwer beschädigt wurde. Um so mehr freute es ihn, als er wenige Monate vor seinem Tode, am 5. Mai 1946, feststellen konnte, daß am Turm ein Baugerüst erstand. Aufgeregt erzählte er es seiner Frau, doch sie beruhigte ihn mit den Worten: „Stefan, mir kemman nimma nauf, mir san zu alt!"

Der Uhrmacher Falk (um 1900)

Der gefürchtetste Mann bei den Münchner Schenkkellnern war um die Jahrhundertwende der Uhrmacher und Wetterprophet Falk. Man konnte sicher gehen, daß, wenn er einen Brauereiausschank betrat, sofort frisch angestochen wurde. Mit Kennermiene tat Falk einen kräftigen Schluck von der frischen Maß, schmeckte sie ihm, dann war sie mit drei bis vier Zügen weg, sagte sie ihm aber nicht zu, schob er sie wortlos

Turmwächter Wimmer

dem Schenkburschen wieder hin und verschwand. Diese Bierproben unternahm Falk jeden Tag bei allen größeren Brauereien. Es waren damals zehn. Das Ergebnis stand dann fein säuberlich auf einer mit Ölfarbe vorgeschriebenen Tafel, die in einem Schaukasten neben dem Eingang zu seinem Laden, in der Nähe des Hofbräuhauses, hing. Die Tafel konnte etwa folgendermaßen aussehen:

BIERE VON HEUTE:

Hofbräuhaus	süffig
Pschorr	zuviel Hopfen
Hacker	gut
Leistbräu	zu jung
Münchner Kindl	mäßig
Augustiner	edler Stoff
Sternecker	kräftig
Zacherlbräu	immer gleich gut
Spatenbräu	zu kalt
Löwenbräu	schmeckt nach Zwiebeln

An der andern Seite des Einganges hatte Falk eine zweite Tafel ausgehängt, auf der er das Wetter am Abend für den nächsten Tag im voraus anschrieb. Woher er diese Voraussagen nahm, sagte er nicht. Zwar hatte er im Laden ein Barometer, doch machte er kein Hehl daraus, daß er auf diese Apparate nichts gab. Er fühlte jeden Witterungswechsel. Einen besonderen Anhaltspunkt hatte er in seinen Zehen, die er einmal erfroren hatte, und die ihm angeblich jede Witterungsschwankung anzeigten. Falk, der große stämmige Mann mit dem breitkrempigen Hut und dem Lodenmantel, schrieb zum Beispiel:

WETTER FÜR MORGEN:

Wenn es morgen bis zehn Uhr früh nicht regnet, den ganzen Tag trocken, gegen Mittag windig, abends wieder windstill.
Mittelgebirge neblig.

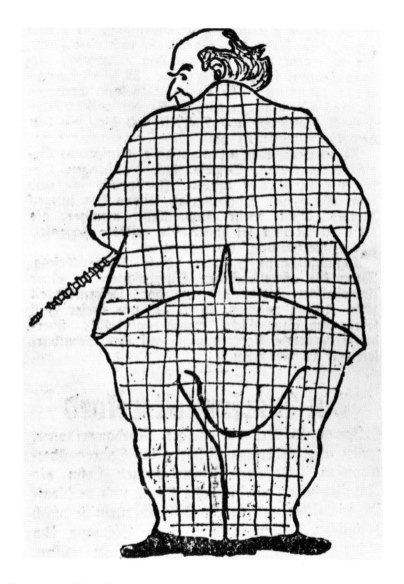

Der „Zigeunerbaron Nakette" (um 1927)

Nakette war kein Münchner Kind. Er war im Bayerischen Wald geboren, seine Wiege stand unter Erlen und Ebereschen; aber er war mit München unzertrennbar verbunden. Nur im Winter lebte er hier. Dann hielt er mit seinem Wagen, der einem schmucken kleinen Landhäuschen glich, in Schwabing oder in der Dachauerstraße. Die Münchner kannten ihn seit Jahren — schon wegen seines Hosenbodens, der ihm bis an die Kniekehlen hing. Nakette war durchaus „Baron", wenn auch Zigeuner. 1927 sah man ihn täglich gegen 9 Uhr morgens gemächlich dem Odeonsplatz zu trotten. Dann ging er in die Hofkonditorei, „dort riecht es so schön und dazu esse ich mein Brot", sagte er auf Befragen.

Nakette lebte vom Pferdehandel, stammesgemäß, war aber ebenso nach alter Zigeunertradition ein ausgezeichneter Musiker. Nur die damals gerade aufkommende „Jazzmusik" konnte er nicht leiden. Ein Schwabinger Kaffeehausbesitzer hatte ihn einmal aufgefordert, mit seiner Band bei ihm zu spielen. Aber Jazz müßte es sein. Nakette erschien auch mit seinen Leuten, die mit Gießkannen, Besen und Büchsen ausgerüstet waren und begann zu „spielen". „Aber was wollen Sie", erklärte der Baron, „das ist Zigainerjazz!"

Nakette war früher einmal ein gutaussehender Mann. Seine Liebesabenteuer sollen mehrere Casanovabände gefüllt haben. Am besten werden sich ältere Münchner noch seiner Liebe zu der 20jährigen Frau eines 60jährigen Architekten erinnern können. Dafür soll Nakette von dem gekränkten Ehegatten beim Soller eine anständige Tracht Prügel bekommen haben.

Von der Herkunft des Barons ist recht wenig bekannt. Er hatte erwachsene Kinder. Ein Sohn lebt in Amerika als Kaffeehausbesitzer, während seine Tochter in Amsterdam einen Juristen geheiratet hat, mit dem sie ein Kino betrieb. Leider sind die vielfach angekündigten Memoiren des Barons nicht gedruckt worden. „Sie werden Aufsehen erregen", erklärte er, schon während er sie zusammenstellte. Wo er hingekommen ist, weiß man heute nicht mehr.

Die „Zeiserl-Babett" (gest. 1930)

In der Inflationszeit, nach dem ersten Weltkrieg, trat sie erstmalig an die Öffentlichkeit, die Zeiserl-Babett. Sie mußte hamstern gehen, aber nicht für sich, denn ihr hätte das Zugeteilte zum Leben gereicht. Wie sollte sie denn anders das Futter für ihre Zeisige, Dompfaffen, Finken und Eichelhäher beschaffen, als gleich zu den Bauern nach Niederbayern zu fahren? Die kannten sie und gaben ihr immer, sie wußten, daß es für ihre „Vogel-Akademie" — die Babett hatte selbst den Namen so ausgedacht — gehörte. Und wenn jemand ein Vögerl von ihr kaufte, dann war er auch stolz darauf, daß es „akademisch gebildet" war.

Die Babett hatte ihr kleines Häuschen mit dem grünen, schiefen Dach in der Au. Seit vielen Jahren nahm sie Vögel aller Arten in Pflege, kurierte sie oder brachte ihnen Singen und Sprechen bei. Überall hingen und standen Käfige: im Hausflur, auf der Treppe und die meisten natürlich in ihrem Zimmer. Ihr Lieblingsvogel war ein Dompfaff, der so zahm war, daß er zum Fenster hinaus- und hereinspazierte. Außerdem hing sie an einem Nußhäher, der es im Sprechen mit jedem Papagei aufnehmen konnte. Er stelzte durch alle Räume und neckte dabei die anderen Vögel, die weniger Freiheit als er genossen.

Von den beliebtesten Vogelarten besaß die Babett Vorsänger, die sie „Professoren" nannte. Diese Professoren waren ihre Existenzgrundlage, sie lernten die anderen an. Wenn ein gar zu dummer Vogel dabei war, dann bemühte sie sich selbst um ihn. Dabei spitzte sie den Mund wie ein Edelfink und sprach mit ihm mehr, als mit den Menschen. Alle Liedchen der Vögel und jeden Lockruf konnte die Babett täuschend ähnlich imitieren. Wegen dieser Stimmenimitation wollte man sie sogar schon im Varieté auftreten lassen, ein Theatermann hatte einst festgestellt, daß er noch nie eine so vollendete Nachahmungskunst gehört hätte.

Die Wohnung der Babett glich einem Stück Wald, an den Wänden hingen verwachsene Wurzeln, Disteln, Baummoos, besonders schöne Mistelzweige, Daxen, Tannenzapfen und auf dem Boden lagen Holzsplitter, die sie täglich goß, damit sie nachts so schön leuchteten. Am kuriosesten mutete es einen an, wenn man feststellte, daß die Babett drei ausgewachsene Katzen in ihrer Sammlung hatte. Man konnte zusehen, wie der weiße Kater mit einer Dohle spielte, oder ein Kleiber, der den ganzen Tag unterwegs war und erst abends zum Fenster hereinstolzierte, einen Schnabel voll aus dem Schüsserl, neben der fressenden Katze nahm.

Die Meinungen der Leute über die Babett waren sehr verschieden. Wohl den besten Aufschluß über sie geben Verwandte aus Salzburg, wo sie einige Tage weilte und am 30. Oktober 1930 verstarb. Leider erfährt man aus diesem im November 1930 geschriebenen Brief keine genauen Lebensdaten:

„Hier ist vor kurzem ein altes Original im Alter von über 80 Jahren gestorben. Es ist die Zeiserlbabett, die unter diesem Namen vor allem in München bekannt war. Sie gehörte jener Klasse von Menschen an, die von den Produkten des Waldes leben, die ersten Pilze und die letzten Erdbeeren bringen, Moos und Palmzweige u. dgl., denen ein Oberländer Autor den Namen Naturpfründner gegeben hat. Sie war aus Steiermark gebürtig, heiratete einen Mann aus dem Bayerischen Walde, wohin sie ihre Fahrten unternahm, und galt darum fälschlich als Waldlerin."

Der „Zeitungs-Kolpratär" Anton Heinz (bis 1930)

Bis vor fünfzig Jahren war wohl neben dem Kuckuck der „Zeitungs-Kolpratär" Anton Heinz der witzigste und gleichzeitig geschäftstüchtigste. Die trockensten Bemerkungen hatte er auf Lager und verzog nur selten dabei eine Miene. Über und über behängte er sich mit Zeitungen und Zeitschriften, so wandelte er auf einen Stock gestützt durch die Wirtschaften. Mit seiner Konkurrenz, dem Kuckuck, lebte er in Feindschaft, wenn er ihn sah, ließ er seinen Nickelzwicker von der Nase fallen und spielte „Vogel-Strauß".

Der „Wagerlschneider" (um 1880)

In den letzten Jahrzehnten des vorigen Jahrhunderts hatten die Schwabinger einen lustigen Schneider zu ihrem Original erhoben. Trotz seiner Krankheit, die ihm beide Füße lähmte, behielt er seinen Humor. Seine Sprüche und beißenden Spottrufe, mit denen er die Schwabinger bedachte, wurden so bekannt, daß sie sogar regelmäßig in der Zeitung erschienen. Doch die Verspotteten sollten Gelegenheit bekommen, sich ausgiebig dafür zu rächen. Darüber schreibt „Der freie Landbote" vom 3. August 1884:

„Vergangenen Sonntag fand in der Pfarrkirche zu Schwabing eine seltene Trauung statt. Dem armen Schneiderlein, dem beide Füße lahm sind, und das deswegen immer sich eines kleinen Wägelchens bedienen muß, woher es den Beinamen ‚der Wagerlschneider' hat, feierte seine kirchliche Hochzeit, nachdem es schon ohngefähr eine Woche vorher sich hatte trauen lassen. Das war ein Tag für die weibliche Bevölkerung Schwabings! Mit fliegenden Haaren und muthwillig leuchtenden Augen rannten Schwabings Frauen und Jungfrauen in wirren Haufen zur Kirche, dort mit ihren spitzen Zünglein wahren Wirbel schlagend. Die arme Braut wußte sich kaum zu retten vor dem Andrange der Menge. Da zeigte sich so recht, wie leistungsfähig das weibliche Geschlecht ist, wenn es sich um die Schöpfung geflügelter Worte, boshafter Bemerkungen und reger Phantasiebilder handelt. Der arme Schneider hat es schwer büßen müssen, daß auch er zarte Regungen in seinem Busen fühlte. Unglücklicher Wagerlschneider!"

„Weltpriester Napoleon Locatelli" (gest. 1906)

Vor hundertfünfzig Jahren kannte jedermann im Münchner Stadtzentrum den Weltpriester Locatelli. Schon wegen seiner arg mitgenommenen Kleidung, die nicht unbedingt erkennen ließ, daß der seltsame Greis ein Geistlicher sei, erregte er Aufsehen. Erst spät, als mittlerer Dreißiger, wurde er Geistlicher und bekämpfte ehedem das italienische Regime. Sein Zorn richtete sich hauptsächlich in Wort und Schrift gegen Crispi und Garibaldi. Wie er selbst erzählte, stammte er aus Italien, sein Vater soll in österreichischen Diensten eine Polizeidirektorstelle eingenommen haben.

In München lebte Locatelli vom Messe-Lesen und vom Übersetzen italienischer und lateinischer Schriften. Er zählte einst zu den regelmäßigsten Besuchern des Lesesaales der Hof- und Staatsbibliothek. In seinen gesunden Tagen war er ständiger Stammgast in verschiedenen Wirtschaften der Innenstadt. Er hielt viel auf nur eine Mahlzeit und aß zumeist erst am Abend. Nicht minder war er in kleineren Kaffeelokalen zu finden, wo sein Erscheinen in Holzsandalen schon von weitem hörbar war.

Die letzten Monate seines Lebens sah man ihn wenig in der Stadt, das Alter setzte ihm schwer zu, bis man ihn schließlich ins Krankenhaus brachte, wo er am 4. Dezember 1906 im Alter von 72 Jahren verstarb. Sehr erstaunt waren seine Freunde, als nach seinem Tode die Wohnung geräumt wurde: in seinem Bett fand sich ein prallgefülltes Säckchen mit Geld.

Der „Wiesenpater" (um 1782)

Einen Münchner Nachfolger hat der durch seine humoristisch-volkstümlichen Kanzelreden bekanntgewordene Augustinerpater Abraham a Sancta Clara, der im 17. Jahrhundert Wiener Hofprediger war, in dem Wiesenpater gefunden. Er predigte um 1780 in Ismaning auf den Wiesen mit einer Deutlichkeit, wie es seitdem kaum mehr geschehen sein dürfte. Schon dadurch, daß er seine Predigten im Dialekt hielt, bekam er bald viele Zuhörer. Seine lateinischen Bibelsprüche übersetzte er, indem er sie den Zuhörern in urbayerischer Mundart zurief. Gern bediente er sich des lateinischen „nescio", das er mit „woaß net" übertrug. Ein besonders markantes Beispiel seiner drastischen und plastischen Predigtweise ist uns noch in seiner am 1. Juni 1782 im Druck erschienenen Rosenkranzpredigt erhalten. Sie trägt den Titel: „Funckelneue Rosenkranzpredigt gehalten zu Bogenhaußen nächst München von dem sogenannten Wiesen-Pater aus Ismaning.. Den Herren Predigtkritikern zu Prag zugeeignet." In der Zueignung schreibt er: „Seyts nit harb, daß ich enck meine Predigt zug'eignet." Im folgenden bittet er die Prediger, sie möchten ihm auch einmal „a paar solche Wisch mit auße schicken, damit ichs meine Bauern fürlesen kann, was 's kost, wers schon zahln. Wenns a mahl Zeit habts, kommts zu mir auße, i hab a guets Bier, und fette Dampfnudeln sollts a kriegn."

Funckelneue Rosenkranzpredigt

gehalten zu

Bogenhaußen nächst München

von dem

sogenannten Wiesen = Pater

aus

Ißmaning.

Den

Herren Predigtkritikern zu Prag

zugeeignet.

1782.

In der Predigt selbst heißt es: „Der heil'ge Rosenkranz ueberwältigt d'Höllen Schanz. Ja, ja, es ist schon so, honnetes Landvolk, liebe Christen! Er ist die wahre Teufels Goasel, die scharf g'lad'ne Pistohl wider alle Anfechtungen. Er ist der sichre Keder der allerheil'gsten Mutter Gottes, mit dem sie die Menschen aus der stinkenden Pfitzen des Teufels in Himmel nauf angelt. Er ist ihr scharfschneidender damaszirender Sabel, mit dem sie der höllischen Schlang den Schwaaf abg'haut hat. Schleifts ihn brav, schleifts ihn brav, liebe Christen! Hauts damit aufn Teufel!"

Der „Wurzl-Sepp" (um 1900)

Ein ausgesprochenes Wies'n-Original war der Wurzl-Sepp. Er war ein derbknochiger Alter von kleiner Gestalt mit einem weit nach vorn gebeugten Kopf, auf dem ein über einen halben Meter breiter grüner Hut saß, der einem Schwammerling ähnlich sah. Der Hut ersetzte ihm Regen- und Sonnenschirm zugleich, daher besaß er auch keinen Mantel. Sein wettergebräuntes Gesicht zierte ein spitziger schwarzgrauer Vollbart, der ihm in Bezug auf seine Pflege recht wenig Sorgen machte. Unter einer echten Gebirglerjoppe sah man den Schimmer eines ehemals weißen Leinenhemdes, dessen offener Kragen zum Glück durch den Bart verdeckt war. Daß er Wadelstrümpfe mit grünen Rändern und dazu schwere Stiefel trug, vervollständigte nur die echte Lederne, mit der er anscheinend demonstrieren wollte, daß sie wirklich ein Menschenalter aushalte. Wenn der Sepp nicht auf dem Oktoberfest sein „Standl" hatte, in welchem er Schnäpse, in der Hauptsache Enzian, feilbot, dann sah man ihn in der Stadt mit der Steinflasche in der einen und einem Henkelkorb in der anderen Hand.

Über 35 Jahre, bis vor etwa 50 Jahren, hatte der Wurzl-Sepp seinen Platz auf der Wies'n. Jedes Jahr mit der selben Derbheit, immer gleich wortkarg mit einem „finsteren G'schau". Als er einmal einem Bierführer einen Schnaps verkaufte und anschließend einer Dame in dem selben Glas, ohne es auszuspülen, einen „Süßen" hinstellte, entrüstete sich diese mit den Worten: „Spülen Sie doch das Glas aus!" Das reichte aber dem Sepp und da er alle Leute mit „Du" anredete, gab er ihr zur Antwort: „Was möchst, ausg'schwoabt möchst des Glasl hab'n? Wart a weni, i schwoabs glei aus!" Und schon schwenkte er den Wasserkübel und goß den Inhalt über die verdutzte Kundschaft.

Woher der Wurzl-Sepp kam und wann er von uns ging, weiß heute niemand mehr. Er war einer von denen, die ihren Namen nie nannten.